I0119670

Friedrich Gerstäcker

Verhängnisse

Friedrich Gerstäcker

Verhängnisse

ISBN/EAN: 9783743652231

Hergestellt in Europa, USA, Kanada, Australien, Japan

Cover: Foto ©Thomas Meinert / pixelio.de

Weitere Bücher finden Sie auf **www.hansebooks.com**

Goldschmidt's
Bibliothek für Haus und Reise. Band XIII.

Verhängnisse.

Von

Friedrich Gerstäcker.

Berlin.

Verlag von Albert Goldschmidt.
1871.

Mädchen-Launen.

In der 14. Avenue, in einem der elegantesten Häuser dieser überhaupt bevorzugten Gegend von New-York, da hier gerade die Aristokratie der reichen Handelsstadt ihren Wohnsitz aufgeschlagen, um mit einander an Pracht und Glanz wetteifern zu können, saß an dem offenen Balcon, unter einer wahren Laube von hohen breitblätterigen Topfgewächsen, Jenny Wood, eines der schönsten und reichsten Mädchen der Stadt. Unmittelbar hinter ihr, aber so, daß er von der Straße aus nicht gesehen werden konnte und doch dicht neben der Geliebten war, in deren dunkelbraunen Locken seine Finger spielten, lehnte George Halay, ihr erklärter und glücklicher Bräutigam.

Er hatte ihr zugeflüstert, wie selig er sich fühle, jetzt so nahe dem Ziel seiner Wünsche zu sein — denn in zwei Tagen sollte schon ihre Vermählung gefeiert werden — und einen heißen Kuß drückte er dabei auf die ihm zugekehrte schneeige Schulter — Jenny aber, ein etwas verzogenes Kind und sich ihrer Reize eigentlich ein wenig zu sehr bewußt, sagte, indem sie die Schulter emporzog und den Kopf halb zur Seite wandte:

„Komm', George, sei vernünftig und betrag' Dich anständig. Was sollen denn die Leute von uns denken, wenn sie uns von da drüben beobachten?"

„Aber, Schatz, was kümmern uns die Leute!" lachte George. „Oder glaubst Du etwa, daß mich Einer deßhalb tadeln — ja nicht von Herzensgrund aus beneiden würde? — wahrlich nicht."

„Aber, George," rief Jenny halb beleibigt, indem sich ihr ein rosiger Hauch über Stirn und Schläfe zog — „schäm' Dich auch nur so Etwas zu sagen — Du weißt doch, daß ich es nicht leiden kann. Du willst mich wieder ärgern."

„Wie Du nur heute bist, Jenny!" bat George — „hab' ich Dich mit irgerd Etwas gekränkt, so kann es nur durch meine Liebe zu Dir sein, denn weiter bin ich mir Nichts bewußt."

„Auch die kann lästig werden," sagte die junge Lady, in= dem sie die Arme fest zusammenzog und die zarten zum Kuß geschaffenen Lippen fast wie ein trotziges Kind etwas vor= schob. Es gefiel ihr gerade einmal, ein wenig zu schmollen, und sie ärgerte sich in dem Augenblicke vielleicht nur darüber, daß sie eigentlich keinen wirklichen Grund dafür hatte oder wußte.

„Jenny," bat George vorwurfsvoll, „das waren recht häß= liche Worte, und ich würde viel darum geben, wenn Du sie nicht gesagt hättest." — „Komm'," setzte er nach einer kleinen Weile freundlich hinzu — „sei kein Kind — ich wußte ja nicht, daß es Dir so unangenehm sei."

„Auf offener Straße geküßt werden? — und deshalb soll ich ein Kind sein?" rief das junge Mädchen, sich wieder halb zu ihm drehend, ohne ihn aber anzusehen — „Mr. Halay, Sie werden immer liebenswürdiger."

„Aber, Herz, auf offener Straße? — ich sitze hier so von den Zweigen verdeckt, daß mich kein Indianer herausfinden würde. — Sei gut, Jenny — komm' in's Zimmer, daß wir unsere Versöhnung feiern können, wenn Du mir wirklich auch nur für einen Augenblick böse gewesen bist, Schatz! Sei gut, Jenny."

Jenny war wirklich von Herzen gut, aber, wie schon er= wähnt, ein so durchaus verzogenes und verwöhntes, ja durch Schmeicheleien übersättigtes junges Wesen, daß es ihr das größte Vergnügen gewährte, den Geliebten um Verzeihung bitten zu hören, wo er eigentlich gar Nichts verbrochen hatte. Sie liebte George wirklich leidenschaftlich, und daß sie ihn heirathete, ver=

stand sich von selbst — lieber Gott, sogar die Vorbereitungen zu ihrem Hochzeitsschmaus waren ja schon getroffen, und sie würde in Verzweiflung gewesen sein, wenn sie sich nur die Möglichkeit hätte denken sollen, ihn zu verlieren — aber ihn ein wenig zu quälen, konnte gar nichts schaden — er mußte bei Zeiten inne werden, daß sie künftig die Herrin im Haus zu sein gedenke, und je früher er sich mit dem Gedanken vertraut machte, desto besser.

Anstatt seiner Bitte Gehör zu geben, rückte sie sich ihren Stuhl noch ein wenig weiter auf den Balkon hinaus, wo er ihr gar nicht nahen durfte, wenn er sie nicht auf's Neue beleidigen wollte, und alle seine Schmeichelreden halfen Nichts, bis er endlich, selber gereizt, von seinem Stuhle aufsprang und mit kaum verbissenem Aerger sagte:

„Miß Jenny, Sie scheinen heute ausnahmsweise schlechter Laune, und ich glaube fast, es wird besser sein Sie für diesen Abend Ihrem eigenen Nachdenken zu überlassen — Good evening, my lady —"

Er blieb stehen, um eine Antwort abzuwarten; Jenny rührte sich aber gar nicht — sie hatte keine Ahnung, daß er überhaupt gehen würde — George dagegen griff in der That seinen auf dem Tische stehenden Hut auf, wartete aber nichtsbestoweniger noch auf eine Erwiderung — freilich vergeblich).

„Jenny," begann er nach einer kleinen Weile wieder, „soll ich geh'n? — ist Dir meine Zärtlichkeit in Wahrheit lästig?"

Keine Antwort — die kleine Kokette trommelte mit zierlichem Fuß den Takt zu irgend einem imaginären Tanz und summte sich dazu eine für den Augenblick selbsterfundene Melodie. Hätte George ihr Gesicht sehen können, so würde er auch bemerkt haben, daß ein leichtes, selbstzufriedenes Lächeln um ihre Lippen spielte. Sie hatte ihren Bräutigam geärgert, und das war ja eben Alles gewesen, was sie bezweckte; aus der Versöhnungsscene ging sie dann, als Siegerin hervor und George — aber ging er wirklich? —

„Good by, Jenny,“ fagte George, noch allerbings freunb=
lich, aber auch ganz beſtimmt. — Sie zögerte einen Moment mit der Antwort, aber ſie durfte
ſich gerade jetzt Nichts vergeben, oder ſie hätte ſich damit einen
ſchon errungenen Sieg muthwillig entſchlüpfen laſſen. — „Good
by, Sir,“ fagte ſie trocken, ohne auch nur den Kopf nach ihm
zu wenden, und dann horchte ſie, ob er es auch wirklich über's
Herz bringen könne, ſie ſo zu verlaſſen — es war ja gar nicht
denkbar — er hätte ſie nicht wirklich geliebt.

Eine Thür öffnete ſich und ſchloß ſich wieder — dann war
Alles ſtill — der Schelm, das hatte er nur gethan, damit ſie
ſich nach ihm umbrehen und ihn zurückrufen ſolle — aber dabei
ſollte er ſich verrechnet haben. Sie mußte ſich freilich etwas
Gewalt anthun, denn gar zu gern hätte ſie den Kopf gewandt,
um zu ſehen, wo er ſich verſteckt halte, aber wie würde er nach=
her gelacht und ſie geneckt haben. Nein — er mochte ſelber
wieder kommen; ſie wollte wahrlich nicht die ſein, die das erſte
Wort zur Sühne redete — aber er kam nicht. —

Sie horchte — es ließ ſich Nichts hören, und mit der zier=
lichen Fußſpitze den Boden klopfend, ſummte ſie jetzt ein kleines
Lied vor ſich hin, das ſie aber augenblicklich wieder abbrach, ſo=
bald ſie ſich der Melodie und des dazu gehörenden Textes klar
wurde. Dieſes Lied: „Where is my lover? can any one tell“—*)
durfte ſie wahrlich nicht ſingen, ſo lange er ſich in Hörweite
befand, oder er hätte natürlich daraus gefolgert, daß ſie ihn
zurückerſehne, und ein trotziger, gar nicht hübſcher Zug zuckte
dabei um ihre Lippen — ein Zug, der etwa bedeuten ſollte,
„brauche ich nicht etwa nur die Hand auszuſtrecken und habe
an jedem Finger fünf brillante Anträge, und ich ſollte um
George Halay's willen auch nur den Kopf drehen? — Nie.“

Und doch liebte ſie ihn vor all den Anderen, die ſich mit
ihm zugleich um ſie bewarben — und war ſogar ſtolz auf ihn,

---

*) „Wo iſt mein Liebſter? wer ſagt es mir an —“

denn George, wie er einer der reichsten und angesehenften Fa=
milien der Stadt angehörte, war auch einer der hübfcheften und
begabteften jungen Leute von New=York und wäre in jedem
Haus willkommen gewesen. Es gehörte deshalb nicht zu ihren
geringften Triumphen, ihn gerade zum „Beau" zu haben und
— jetzt ein wenig quälen zu können. In wenig Tagen nur
waren fie ja doch Mann und Frau, und fie hatte es leider an
anderen verheiratheten Frauen fchon gefehen, daß die Gewalt,
welche eine Braut über den Bräutigam ausübt, doch eine ganz
andere ift, als wenn das Paar erft einmal verheirathet war und
fich nun nicht mehr trennen konnte.

Aber er kam wahrhaftig nicht. Sie faß gegen zehn Mi=
nuten — fie faß eine Viertelftunde; endlich aber konnte fie
diese Ungewißheit nicht länger ertragen, und fich langfam von
ihrem Schaukelftuhl erhebend — als ob fie eben nur müde wäre
dort länger zu fitzen, wandte fie fich und trat in das Zimmer
hinein. Aber wirklich erftaunt flog ihr Blick dort umher, denn
George war nirgends zu fehen — ja fortgegangen, ohne von
ihr Abfchied genommen zu haben! — Unerhört, und das nur
zwei Tage vor der Hochzeit — war fie nicht das unglücklichfte,
verrathenfte Wefen, das fich auf der Welt nur denken ließ?

In der That preßten fich ihr ein paar klare Tropfen in
die Augen, aber rafch fchüttelte fie diefelben wieder ab, denn
braußen hörte fie die Vorfaalthür gehen — er kam zurück, und
durfte ja doch wahrlich nicht erfahren, wie tief fie die Kränkung
gefchmerzt — aber er kam nicht; — es war eine fremde Stimme —
der Poftbote wahrfcheinlich oder Jemand von der Dienerfchaft
— fie trat jetzt wieder hinaus auf den Balkon und fah die
Straße hinab — George ließ fich nirgends erkennen. — Konnte
er denn wirklich bös auf fie geworden fein? Hatte fie ihn denn
gekränkt, oder er fie? Er fie? und womit denn eigentlich? —
Sie war vielleicht ein wenig zu weit gegangen, aber du lieber
Gott, wenn ein Bräutigam nicht einmal fo viel Rückficht auf
feine Braut nahm, was konnte fie dann von dem Ehemann

erwarten — Es war zu abscheulich von ihm und sie schmollte
jetzt wirklich — Aber was half's; auch das brachte ihn nicht
zurück, und als der Abend immer weiter vorrückte und George
sich wirklich nicht wieder sehen ließ, da ging sie zuerst auf ihr
Zimmer und weinte sich im Aerger und Unmuth recht herzlich
aus und dann nahm sie sich vor, morgen den ganzen Tag im
Bett liegen zu bleiben — angeblicher Krankheit wegen — und
ihn gar nicht vorzulassen. Sie wollte doch einmal sehen, wer
von ihnen Beiden zuerst Abbitte that — aber er kam gar nicht.

Der Abend — der ganze nächste Tag verging und George
ließ sich nicht ein einziges Mal sehen — und das am Tage
vor der Hochzeit — es war ja himmelschreiend — und ließ sich
zuletzt nichts Anderes denken, als daß er krank geworden sei —
aber sollte sie zu ihm schicken? —

George Halay hatte seit etwa acht Tagen schon das kleine
reizend eingerichtete Haus bezogen, das ihre neue Heimath werden
sollte; es vergingen deshalb oft Tage, daß er seine Eltern nicht
besuchte, denn wie viel gab es in der Zeit nicht zu ordnen und
einzurichten, und er konnte in der That gar nicht fertig werden,
Alles herbeizuschaffen, von dem er nur irgend glaubte, daß Jenny
Freude daran haben könne. Das ganze Haus glich fast einer
aufgeputzten Schmuckkammer, und keine Königin der Welt hatte
je ein solches Boudoir besessen.

Jenny's Vater fühlte sich endlich selber beunruhigt. Was
war nur vorgefallen, daß sich der Bräutigam den ganzen Tag
vor der Hochzeit nicht bei ihnen oder seiner Braut sehen ließ,
noch dazu, da er die letzten vierzehn Tage schon ihr regelmäßiger
Mittagsgast gewesen. Mr. Wood schickte deshalb in George's
nicht ferne Wohnung, erhielt aber die überraschende Antwort,
daß die Dienstboten dort selber nicht wüßten, wo ihr Herr sei,
da er die Nacht nicht nach Hause gekommen wäre und möglicher=
weise bei seinen Eltern geschlafen hätte. Am vorigen Abend noch
habe er nur ein Packet geschickt, das aber noch uneröffnet in
seiner Stube läge.

Mr. Wood ging jetzt selber zu Halay sen., setzte aber dort
die Familie selbst in die größte Bestürzung, als er sich nach dem
Sohn erkundigte, denn dort wußte kein Mensch etwas von ihm,
und die Eltern hatten natürlich geglaubt, daß er jetzt seine ganze
Zeit bei den Schwiegereltern verbringe.

Mr. Halay schickte augenblicklich in den Club, um zu fragen,
ob sein Sohn gestern Abend dort gewesen sei, denn das war der
einzige Platz, wohin er ging, wenn er überhaupt einmal einen
fremden Ort besuchte. Man wollte ihn dort aber schon seit
vierzehn Tagen nicht mehr gesehen haben — also auch gestern
Abend nicht — wenn ihm nun ein Unglück zugestoßen war?

Jenny zitterte an allen Gliedern, als ihr Vater die Nach=
richt nach Hause brachte — etwas Entsetzliches mußte geschehen
sein, oder George hätte sie nicht so — einer solchen Kleinigkeit
— eines hingeworfenen muthwilligen Wortes wegen, verlassen
können. — Sie hatte ganz vergessen, daß sie krank sein wollte,
und den ganzen Tag, wenn unten der Klopfer am Haus er=
tönte, fuhr sie fast krampfhaft zusammen und horchte nach der
Thür, ob sie seinen Schritt nicht vernehmen könne — — aber
er kam nicht.

Der Tag verging — der nächste — ihr bestimmter Hoch=
zeitstag ebenfalls — kein Bräutigam ließ sich sehen, und wie
ein Geist, bleich und ineinandergebrochen, glitt Jenny im Haus
umher. — Noch hatte ihr Vater — wenn er sich dies räthsel=
hafte Verschwinden auch nicht erklären konnte — die Hoffnung
nicht ganz aufgegeben, denn sämmtliche Polizeistationen waren
schon an dem Morgen durch ihn und seine Freunde, aber ver=
gebens, abgesucht worden. Von dem Vermißten fanden sie aber
keine Spur und konstatirten dadurch wenigstens — immer nur
freilich ein schwacher Trost — daß keine bestimmte und authen=
tische Nachricht über einen Unglücksfall vorlag.

Aber was war mit ihm geschehen und weßhalb hatte er
seine Kleider nach Hause geschickt? Man untersuchte nämlich das
Bündel und fand nicht allein seinen ganzen Anzug, sondern in

dem Packet auch fest verpackt seine goldene Uhrkette, seine Brillant=
Hemdknöpfchen und Tuchnadel, und ein kleines Notizbuch, das
aber nur geschäftliche Dinge enthielt. Beraubt konnte er also
nicht sein, denn nur die eigentliche Uhr fehlte, und die einzige
Möglichkeit, womit man auch Jenny zu trösten suchte, blieb, daß
er sich einen anderen Anzug gekauft habe, um vielleicht — —
ja, darüber zerbrach man sich umsonst den Kopf, denn selbst das
blieb immer räthselhaft.

Welches Aufsehen das Ganze dabei in der Stadt machte,
läßt sich denken, denn beide Familien gehörten zu den ange=
sehensten der ganzen Metropole, und man wußte auch schon, daß
der alte Halay an diesem Tage beabsichtigt hatte, allen Glanz
und alle Pracht seines Hauses zu entfalten. Jetzt plötzlich war
der Bräutigam abhanden gekommen, und böse Zungen, die sich
nicht die unbedeutendste Gelegenheit entschlüpfen lassen, ihr Gift
nach allen Seiten zu verbreiten, beuteten diese natürlich nach
besten Kräften aus. Aber Alles, was sie ausstreuen konnten,
blieb doch immer nur einzig und allein Vermuthung, denn nir=
gends fand sich ein Anhalt zu der kleinsten Gewißheit, zu dem
auch nur geringfügigsten Beweis. Nur so viel behaupteten sie
— und fanden darin auch bei einer ziemlichen Anzahl von Men=
schen Glauben — daß es den lebenslustigen George Halay gereut
habe, jetzt schon sein junges Leben in die Hände einer wohl
hübschen und reichen, aber sonst vollkommenen kleinen Kokette zu
legen, und dieser schon fest abgeschlossenen Verbindung konnte er
sich in dem Falle nur allein durch die Flucht entziehen. Geld
genug hatte er in Händen, das ganze Land — die ganze Welt
stand ihm offen, und Gelegenheit fortzukommen? — lieber Gott,
in New=York verging keine Stunde, wo ihn nicht Dampfer oder
Eisenbahn nach irgend einem entfernten Punkt schaffen konnten,
und wer wollte sagen, nach welchem Kompaßstrich er sich ge=
wandt — das nämlich war das rasch gefällte Urtheil in der
Stadt, wenn sich auch das Mutterherz damit nicht begnügte und
ebenso den Vater schwere Sorge heimsuchte.

— 13 —

Daß George die Verbindung mit der Geliebten geflohen
haben sollte, war nicht denkbar. Nie hatte er auch nur die
leiseste Andeutung gegeben, daß er an ihrer Seite nicht glücklich
zu werden hoffe — und überhaupt offen und ehrlich in seinem
ganzen Wesen, würde er das auch nie vor seinen Eltern haben
verbergen können. Was anders also blieb ihnen zu glauben
übrig, als daß er auf irgend eine geheimnißvolle Weise seinen
Tod an dem Abend in der Stadt gefunden. War er vielleicht
von einem der zahlreichen Fährboote gestürzt, die ja fortwährend
nach Brooklyn, Hoboken und anderen Punkten abgingen — aber
auf keinem derselben, obgleich Mr. Halay sich auf allen erkundigen ließ, wollte man etwas davon wissen. Die ganze Polizei
wurde in Bewegung gesetzt — umsonst, sie spürte Nichts von
ihm auf, und als Tag nach Tag — Woche nach Woche —
Monat nach Monat verging, ohne daß Kunde von dem Ver-
schollenen gekommen wäre, da beweinten sie ihn zuletzt als einen
Todten. —

Und Jenny? — wer kann sagen, was in dem Herzen einer
solchen, von der ganzen Welt verzogenen jungen Schönen vor-
geht, wenn sie sich in ihrer Liebe sowohl als in ihrem Stolz
zugleich so schwer getroffen und gekränkt sieht? Was George's
Eltern bis dahin noch als letzten, wenn auch schwachen Trost behielten, daß George am Ende doch, wenn auch aus unerklärlichen
Beweggründen, in das Innere des Landes hineingezogen sein
könne, war für Jenny der furchtbarste und unerträglichste Gedanke. Nur der Tod konnte ihren Bräutigam für diesen Frevel,
den er an ihr begangen, entschuldigen — er mußte todt sein
oder — er verdiente getödtet zu werden, denn welches Mädchen
der Erde war schwerer gekränkt — tiefer verletzt worden — als
sie — durch das Verschwinden des Bräutigams am Hochzeitstag?
Und wo war George eigentlich geblieben?

Eine Abendunterhaltung.

Jenny hatte den jungen Mann wahrscheinlich tiefer gekränkt, als sie es selber vermuthet oder beabsichtigt. Schon daß sie sich auf den Balkon setzte, war gegen seinen Wunsch — ja gegen seine Bitte gewesen. Er wollte noch die kurze ihnen vergönnte Zeit des Brautstandes so recht in vollen Zügen genießen — das Bewußtsein in trunkenen Zügen einsaugen, daß sie jetzt sein — sein für immer sei, aber in einem unglückseligen Anfall von Ko= ketterie hielt sie das „nicht für passend", es interessirte sie auch viel zu sehr — wie sie meinte — die jungen Herren und über= haupt die schöne Welt zu beobachten, die um diese Tageszeit dort gewöhnlich vorbeiritten und fuhren, und — unterhalten konnten sie sich ja auch dort eben so gut wie drinnen im Zimmer.

Schon damit war George nicht einverstanden gewesen und dahinzu kam dann die Scene, von der wir (— der Leser und ich — im ersten Kapitel) Zeuge waren. — Er wußte allerdings recht gut, wie verwöhnt und auf Händen getragen Jenny von allen Seiten bis jetzt gewesen, und hatte selber schon unter ihren kleinen Launen leiden müssen, sie aber immer auch nur als kleine un= schuldige Launen betrachtet, die sich schon geben würden, wenn er ihr erst näher stand. — Jetzt war das eingetreten und sie ihm durch heiligen Schwur fest bestimmt — ja nur wenige Tage noch und das unlösbare Band der Ehe schlang sich um Beide — aber trotzdem ließ sie in ihren Launen nicht nach, ja schien sogar, je näher er dem Ziele rückte, nur um so hartnäckiger an ihnen fest= zuhalten. War das recht von ihr?

Als er von seinem Stuhle aufstand, hoffte er, daß sie ihn — und wenn auch nur durch einen Blick — zurückrufen würde, — aber nichts dergleichen erfolgte. — Er ging zur Thür — sie rührte und regte sich nicht. Noch eine Weile blieb er dort stehen

und sah sich nach ihr um — vergebens — Jenny glaubte gar
nicht, daß er gehen würde, und wollte sich, wie sie bei sich
meinte, Nichts vergeben. Da endlich verließ er das Gemach,
zum ersten Mal in seinem Leben von der Geliebten gekränkt,
stieg schweigend die Treppe hinunter und auf die Straße hinaus
und schritt diese so in seine Gedanken vertieft hinab, daß er sich
selber nicht einmal der Richtung klar bewußt war, die er nahm.

Zwei oder drei Squares mochte er so gegangen sein, und
wenn ihn sein eigenes Herz auch wohl wieder zurück zu der Geliebten zog, so trieb ihn doch auch der eigene Stolz dabei vorwärts, als er sich plötzlich angerufen hörte:

„Hallo, George! Du gehst ja so tief in Gedanken, daß Du
mich beinahe umgerannt hast. Wohin?"

George sah auf; er hatte wirklich die Welt um sich her vergessen gehabt. — Jetzt fand er sich einem seiner früheren Bekannten, einem etwas wilden jungen Burschen gegenüber, in dessen
Gesellschaft er sich früher allerdings oft wohlgefühlt, den er aber
doch seit seinem Brautstande gemieden, denn Tom Fullerton war
in den Vergnügungsorten, die er besuchte, nicht sehr wählerisch —
heute kam er ihm trotzdem recht.

„Hallo, Tom, wie geht's? — Wir haben einander lange
nicht gesehen."

„Und wessen Schuld war das, old Fellow? — Die meine
wahrhaftig nicht," lachte der junge Mann, ebenfalls aus guter
und anständiger Familie, aber sonst in seinem Leben so unge-
regelt als möglich — „die meine nicht. Seit Du aber in dem
Netz Deiner Jenny sitzest, ist Dir ja nicht mehr beizukommen,
und wie ich von Allen gehört habe, bist Du so solide geworden,
daß ich wirklich erstaunt bin, Dich schon in der Dämmerung noch
allein auf der Straße zu finden — Hast Du heute Erlaubniß
auszugehen?"

„Unsinn!" sagte George — „glaubst Du, daß ich schon vor
der Hochzeit unter dem Pantoffel stehe?"

„Es wäre allerdings ein wenig früh," lachte Tom, „aber

ich gebe Dir mein Wort, daß ich da schon ganz entsetzliche Bei=
spiele erlebt habe. Es paſſiren wunderliche Dinge in der Welt."

„Du träumſt," ſagte George abwehrend — „haſt Du etwas
Beſtimmtes vor?"

„Ich?" ſagte Tom erſtaunt. „Sehe ich aus wie ein Menſch,
der überhaupt je etwas Beſtimmtes vorhat? — aber weshalb
fragſt Du mich das? — Du willſt doch nicht etwa damit an-
deuten, daß Du nichts Beſtimmtes vorhätteſt und heute Abend
Dein eigener Herr wäreſt?"

„Allerdings will ich das," nickte Georg trotzig — „und ich
bin nie mehr mein eigener Herr geweſen, als gerade jetzt."

„Haſt Du Dich mit Deinem Schatz gezankt?" lachte Tom.

„Damn it, nein," ſagte George finſter, denn es war ihm un=
angenehm, daß Tom ſo den Nagel auf den Kopf traf. „Wie
kamſt Du darauf?"

„Oh — ich dachte nur ſo," meinte ſein Freund und ſah
George, der aber dem Blicke auswich, von der Seite an —
„wenn's Dir aber recht iſt, ſo laß uns ein wenig in den Club
gehen. Sie klagten dort ſo neulich, daß ſie Dich in einer Ewig-
keit nicht geſehen hätten."

George ſchüttelte mißmüthig mit dem Kopf. — „Dazu hätt'
ich die wenigſte Luſt," ſagte er. Das tolle Volk weiß nichts
Anderes als Einen zu necken. Wenn ich erſt verheirathet bin,
werde ich ihn wieder beſuchen."

„Wirklich? — aber wohin ſollen wir ſonſt? In's Theater? —
Damit könnten wir vielleicht ein paar Stunden hinbringen."

„In's Theater können wir gehen," nickte George — „und
nachher?"

„Du mußt wahrhaftig heute Urlaub haben," lachte Tom,
„wenn Du ſo leichtſinnig über den ganzen Abend verfügen
kannſt. — Aber famos — da fällt mir eben Etwas ein, was
wir auch ſchon früher einmal verabredet hatten, was aber durch
Deine Verlobung einen Stoß bekam."

„Und das iſt?"

„Wir wollten ja einmal zusammen eine der Matrosenkneipen am Wasser besuchen, wo das Seevolk zusammenkommt und mit seinen Mädchen an der Seite sich Fahrten und Abenteuer erzählt. Ich sage Dir, ich habe einmal in meinem Leben einen solchen Abend mit durchgemacht und mich göttlich dabei amüsirt. Es ist etwas Anderes, als unser gewohnter Schlendrian in Frack und Glacéhandschuhen, und frischt Einen ordentlich wieder auf. Wie wär's, wenn wir das heut' Abend machten, denn dazu bringe ich Dich doch nicht wieder, wenn Du erst verheirathet bist."

„Hm — und dabei trinken wir Grog und rauchen Cigarren."

„Cigarren? nein! kurze Pfeifen, oder wir würden sonst auf= fallen," rief Tom — „aber jetzt ist außerdem gerade eine gün= stige Zeit, denn es liegen ein paar Wallfischfänger, fertig zum Auslaufen, dort unten, und überhaupt mehrere Schiffe „von der langen Fahrt", die immer ein viel interessanteres Volk an Bord haben als das Gesindel, das sich Matrosen nennt und sich großen= theils auf den Dampfschiffen herumtreibt. Finden wir den rechten Platz und gelingt es, daß wir uns Einlaß verschaffen können, denn die richtigen Seebären geben sich nicht gerne mit Fremden ab, so hören wir genug, um einen ganzen Monat davon zu er= zählen."

„Aber in unsern gewöhnlichen Kleidern können wir dorthin nicht gehen?"

„Gott bewahre," rief Tom — „entweder würden die Leute gleich von Anfang an mißtrauisch gegen uns, und wir kämen in Gefahr, an die Luft gesetzt zu werden, oder sie blieben wenig= stens schweigsam und wir verfehlten dadurch ebenfalls unsern Zweck. Hast Du kein Paar weite Hosen, eine Matrosenjacke und einen runden Hut? Das ist die eigentliche Einlaßkarte zu der= artigen Lokalen. Modern gekleidete Menschen werden — wenn überhaupt geduldet — nicht gern gesehen, denn man hält sie entweder für Taschendiebe oder für „gents" und mag mit Bei= den Nichts zu thun haben."

„Du scheinst dort sehr bekannt zu sein."

„Lieber Freund," sagte Tom, „wenn Du glaubst, daß man sich nur in der sogenannten „anständigen Gesellschaft" oder in der haute volée amüsirt, so bist Du sehr im Irrthum. Meine vergnügtesten Abende habe ich gerade in entgegengesetzter Weise verlebt, und der wirkliche, ächte Matrose ist auch in der That ein famoser Kerl. Ursprünglich und derb, ja, aber auch offen und ehrlich, und, ein paar tolle Seegeschichten abgerechnet, mir oft am kleinen Finger lieber, als unsere ganze vornehme und hochnasige Gesellschaft in der City. Komm' nur einmal mit, und Du wirst es sicher nicht bereuen."

„Aber ich habe kein Matrosenzeug."

„Für zehn Thaler bekommst Du den ganzen Anzug und kannst ihn nachher immer einmal wieder gebrauchen. Will man Abends einmal ausgehen, so giebt es gar nichts Besseres, als eine dicke Matrosenjacke für einen Ueberzieher — Komm', das besorg' ich Dir Alles. Eine Stunde können wir noch in's Theater gehen und nachher metamorphosiren wir uns. Du sollst einmal sehen, es giebt einen kostbaren Spaß."

„Mir ist's recht," sagte George, indem er seinen Arm in den des Freundes schob, „hol' der Teufel die Welt, wenn wir uns nur amüsiren. Komm', Tom, Du sollst heute Abend mein Führer sein."

Die beiden jungen Leute schlenderten zusammen Broadway hinab, kehrten in einem der zahlreichen Cafés ein, kauften sich dann einen Matrosenanzug, den sie nahe am Wasser überall bekamen, und George wechselte gleich dort seine Kleider, wobei es der Händler übernahm, seine anderen, eben abgelegten Sachen in die angegebene Wohnung zu schicken. Nur seine Uhr und sein Geld behielt er bei sich, trug aber Beides in der Brusttasche, um nicht Anderen Verlockung zu einem Diebstahl zu geben, und behielt außerdem noch einen kleinen Brillantring am Finger, dessen Stein er aber nach innen in die Hand drehte, damit er nach außen nicht auffiel. Einfache Goldreife tragen ja sehr viele Seeleute. Als das geschehen war, ging George mit zu Tom hinüber, der ein kleines Logis für sich allein hatte, und als dieser sich ebenfalls umgezogen, begannen sie ihre heutige Spree — wie ein solcher Umherzug junger Leute genannt wird — damit, daß sie in den dritten Rang des Theaters, auf die billigen Sitze, und mitten zwischen eine Anzahl anderer Seeleute hineinstiegen. — George hatte früher noch nie diese Räume betreten, und es machte ihm ganz besonderes Vergnügen, sich von da oben aus und völlig ungekannt das Treiben da unten mit anschauen zu können und die Bemerkungen umher zu hören.

Aber das Theater fesselte sie nur kurze Zeit, denn zu spät durften sie jene Matrosenkneipen auch nicht besuchen, wenn sie sich nicht der Gefahr aussetzen wollten, unter lauter Betrunkene zu gerathen. Kamen sie aber dort etwa um neun Uhr hin, so konnten sie sich recht gut eine Stunde amüsiren. Wunderliche, wenigstens fremdartige Charaktere trafen sie da jedenfalls, und wenn nichts Anderes, so war es doch einmal eine Abwechselung in ihrem sonst ziemlich monotonen Leben.

Am Wasser angekommen, fanden sie allerdings Schenken genug, in den meisten aber trieb sich rohes Negergesindel herum, und das war gerade nicht, was sie suchten. Drei oder vier von diesen Orten betraten sie auch, ohne aber dort zu verweilen; sie ließen sich nur, um nicht aufzufallen, ein Glas Branntwein geben, tranken einen kleinen Theil davon und gossen dann das Uebrige, sobald das unbemerkt geschehen konnte, auf die Erde.

In der einen Trinkstube lehnte ein seemannähnlicher, stattlicher Bursch, der fast wie der Kapitän eines der kleinen Fahrzeuge aussah. Er redete sie auch an, d. h. er frug, zu welchem Schiff sie gehörten und ob sie eben angekommen wären oder fortwollten. George, der eine verkehrte Antwort zu geben fürchtete, schwieg; Tom aber, schon besser mit derartigen Leuten vertraut, sagte ihm, sie wären frei und wollten sich nur ein bischen am Lande umsehen. — Damit nickten sie ihm mit einem „good bye Mate" zu und verließen das Lokal wieder.

In anderen hatten sie aber kein besseres Glück — sie fan-

2*

ben keinen eigentlichen Platz, in dem sich die richtigen Matrosen aufhielten und dann, mit einer Tasche voll Geld, auch gewöhnlich 'was Ordentliches brauf gehen lassen. Wozu sollten sie das Geld sparen — in wenigen Tagen schaukelten sie vielleicht wieder draußen auf stürmischer See, und ob sie das Land wiedersahen, wer konnte es sagen? So lange sie sich aber noch ihres Lebens freuten, wollten sie es auch genießen, und einen besseren Platz als diese Spelunken kannten sie eben nicht dafür.

„Höre, Tom,“ sagte George endlich, nachdem sie schon das sechste oder siebente derartige Lokal besucht hatten, ohne zu finden was sie suchten, „dies Herumlaufen fange ich an satt zu bekommen. Ich glaubte, Du wüßtest hier Bescheid, aber Du weißt eben nicht mehr als ich. Das Geld für den Seemannsanzug hätte ich sparen können. Laß uns nach Hause gehen, denn ich werde müde, und diese Gemeinheit, der wir hier überall begegnen, fängt an mir widerlich zu werden.“

„Hallo, Mates,“ redete sie da eine tiefe Baßstimme an, und als sie aufschauten, erkannten sie den Seemann wieder, mit dem sie vorhin gesprochen. „Ihr scheint hier mit Eurem Kurs nicht recht im Klaren — sucht ihr Jemanden?“

„Jemand Bestimmtes nicht, Mate,“ erwiederte Tom, der schon den Abend verloren glaubte, „aber eine anständige Gesellschaft — eine richtige sailors inn, wo man 'was zu hören bekommt und vielleicht alte shipmates trifft. In den Buden aber, die wir bis jetzt besucht, sieht es zu unappetitlich aus. Wißt Ihr kein richtiges sailors home?“

„Ob ich das weiß, my fine fellows,“ lachte der Alte, „und noch dazu einen Fleck, wo wir gerade heute Abend lustige Gesellschaft finden. Die Leute von zwei Schiffen — von einem Wallfischfänger und einem Ostindienfahrer, die beide morgen in aller Frühe in See gehen und deren Mannschaft sich noch einmal am Land eine Güte thut. — Kommt nur mit mir, und daß Ihr dort auch ein vernünftiges Glas Grog bekommt und hübsche Mädchen findet, dafür steh' ich Euch.“

„Dann haben wir den rechten Mann gefunden," lachte Tom — „komm', George, einen besseren Lootsen können wir uns nicht wünschen — Anker auf, Alterchen, und headway — Ist es weit von hier?"

„Kaum eine Kabelslänge und nicht einmal so viel — wenn wir die Ecke da unten doublirt haben, sehen wir den Hafen schon vor uns — hat auch ein rothes Licht aus, so daß wir gar nicht fehlen können."

Er schritt den beiden vermutheten Seeleuten rüstig voran, und nach allerdings kurzer Entfernung erreichten sie auch ein kleines, reinlich aussehendes Haus, mit einem metallblitzenden Anker schräg über der Thüre als Aushängeschild angebracht. Den Platz hätten sie aber allerdings nicht allein gefunden, denn kein offener, von der Straße wenigstens sichtbarer Schenkstand verrieth, daß hier Spirituosen zu verkaufen seien. Ihr Führer wußte indeß Bescheid; er schritt durch den nur wenig erhellten Gang bis zu einer Thür, die anscheinend wieder auf den Hof hinausführte, und dann über die Schulter zurückrufend: „Nur hier herein, Mates," öffnete er eine nach rechts einmündende Pforte, aus der ihnen schon munteres Plaudern und Lachen entgegentönte.

Wie sie aber nur die Schwelle überschritten, sahen sie, daß sie hier gefunden, was sie gesucht, denn „Jack"*) hatte hier Oberwasser, und andere Gesellschaft als die von Seeleuten wäre da auch kaum geduldet worden.

Es war ein nicht hoher, aber ziemlich breiter Raum, dessen drei dicht verhangene Fenster nach dem Hof hinauszuführen schienen. In dem Zimmer standen zwei lange schmale Tische, und nur am oberen Ende waren die Ecken durch kleinere eingenommen, um welche sich ein paar sophaartige, aber natürlich ungepolsterte Bänke hinumzogen und von Stamm= oder sonst bevor-

---

*) In Amerika ist Jack meist immer auch der gewöhnliche Name für einen Matrosen.

zugten Gästen eingenommen schienen. Das Ameublement war solcher Art nicht kostbarer, als gewöhnliches Eichen- und Tannenholz es mit Hülfe des Hobels herstellen konnte, aber doch überaus blank und sauber gehalten. Ja sogar Gardinen hingen an den Fenstern, und an den Wänden hübsche Spiegel und Bilder in großen vergoldeten Rahmen, die besonders Seetreffen aus den alten amerikanischen Kriegen darstellten, während ein paar kleine Statuen auf dem jetzt noch nicht benutzten Ofen, deren eine General Washington, die andere — als gerade nicht besonders passendes Gegenstück — Ariadne auf Naxos vorstellte. Ueberall standen dabei eine Menge von Blumenstöcken und Topfpflanzen, und selbst hie und da an den Wänden hingen grüne Büsche, was dem Raume jedenfalls etwas Freundliches und Geschmücktes gab.

Nun darf man nicht etwa glauben, daß der Wirth, eine grobknochige Gestalt, die noch immer mit den Händen so herumging, als ob sie eben ein Tau greifen wollte, und dabei ein Auge auf einem Wallfischfänger und ein Bein bei einem Schiffbruch im chinesischen Meere verloren hatte — etwa selber so viel Geschmack besessen habe, um dies für sich zu arrangiren. Es war nichts als Spekulation, denn er kannte seine früheren Schiffskameraden viel zu gut, um nicht zu wissen, durch was er sie am besten anziehen konnte.

Den jetzigen Matrosen auf Dampfern, die fortwährend zwischen Kontinent und Kontinent fahren und fast eben so viel Zeit auf festem Land wie auf See verleben, ist es allerdings ziemlich gleichgültig, wo sie ihren Aufenthalt nehmen, wenn sie nur ein gutes Getränk und billige Preise finden. Matrosen von „der langen Fahrt" dagegen, Ostindien- oder Chinafahrer und besonders Wallfischfänger, die oft zwei, drei Jahre und vielleicht noch länger ausbleiben und fast den ganzen Theil dieser Zeit auf See oder doch an Bord ihrer Schiffe zubringen, sehnen sich, wenn sie einmal nach der Heimath zurückkommen, nach einem, wie sie es nennen, „behaglichen Raum". Sie wollen einmal

wieder Gardinen, an wirklichen Fenstern, sie wollen besonders
Blumen und grüne Büsche sehen, und Barclay's, des Wirths,
Spekulation, seine Kunden durch solche kleine und anscheinend
unschuldige Kunstgriffe an sich zu ziehen, war deshalb gar keine
schlechte gewesen. Die Boots- und Untersteuerleute der großen
Schiffe fingen an sein Haus zu protegiren, und da es eine
Schiffsmannschaft der anderen empfahl, so war der große Raum
allabendlich eben so gefüllt wie heute — und heute fanden unsere
beiden jungen Freunde, als sie hineintraten, schon die Tische fast
besetzt.

„Hallo; Baas!" rief es aber ihrem Führer von verschiede=
nen Seiten entgegen, wie er sich nur im Bereich des mit Gas
erleuchteten Raumes blicken ließ, „schon wieder „on the look
out"? Hieher, Mates — hier ist noch Platz, wir können ein
wenig zurücken."

George warf einen Blick durch den allerdings etwas sehr
mit Tabacksrauch gefüllten Raum, und er mußte sich gestehen,
daß es der Mühe werth gewesen, hier einmal einen flüchtigen
Besuch abzustatten. Es waren lauter richtige und ächte „Theer=
jacken", die er hier versammelt fand; derbe, kräftige, sonnge=
bräunte Gestalten mit offenem, herausforderndem Blick, die
meisten mit abgeworfenen Jacken, in ihren roth= oder blauwolle=
nen Hemden, deren Kragen, nur locker von einem schwarzseidenen
Tuch gehalten, den braunen Hals und einen Theil der breiten
Brust zeigten, und Fäuste dabei, mit denen sie die leichten Glä=
ser packten, daß es ordentlich gefährlich aussah, wenn sie zu=
griffen, denn es schien fast, als ob sie das dünne Material zer=
brücken müßten.

Und dazwischen zerstreut bunte jugendliche ▓▓▓▓chengestalten,
die „Schätze" der hier versammelten Matrosen, die sich aber eben
so frei und offen bewegten, wie ihre Gefährten selber, und
manche von ihnen auch eben so fleißig und unbekümmert dem
Glas zusprachen und ihre Cigarren rauchten.

Wie das aber durcheinander lachte und plauderte und

schwatzte, und manchmal, wo ein alter „Tar" die geballte Faust
auf dem Tisch und mit dem ernsthaftesten Gesicht von der Welt
eine von seinen tollen Geschichten erzählte, ein schallendes Gelächter durch das Zimmer dröhnte!

An dem Tisch, zu welchem unsere beiden Freunde gerufen
wurden, ging es am tollsten her. Der Bootsmann eines Ostindienfahrers und der Böttcher eines Wallfischfängers saßen hier
einander gegenüber, suchten sich in gegenseitigem Aufschneiden zu
überbieten und ließen auch wirklich kaum einen Andern zu Worte
kommen. Beide hatten natürlich auch die Seeschlange gesehen
und außerdem die wunderbarsten Sachen, die sie aber alle mit
den entsetzlichsten Flüchen bekräftigten.

Der Eintritt der neuen Gesellschaft unterbrach für einen
Moment die lebhafte Erzählung, Alles sah sich nach den Fremden um, ob sie vielleicht einen alten Bekannten und Schiffsge-
fährten darunter fänden, und gab dann gutmüthig Raum, um
den „Mates", die sehr anständig und reinlich aussahen, auch
noch einen Platz am Tisch zu sichern.

„What ship, mates?" war natürlich die erste Frage, die
an sie gerichtet wurde, und Tom hatte den Freund schon darauf
vorbereitet. Ihre Antwort sollte sein: „looking for a birth"
d. h. gerade im Begriff, sich nach einem guten Schiff umzusehen.
Tom wußte dann, daß sie überall rasch Freunde fanden, die sie
zu sich an Bord haben wollten. Von allen Seiten wurden ihnen
auch schon gefüllte Gläser hingeschoben, deren Annahme sie nicht
verweigern durften, wenn sie die Geber nicht beleidigen wollten.
Etwas mußten sie wenigstens von Jedem trinken, und Tom be-
stellte dann außerdem als vortheilhaftes Entrée „a glass all
around" — oder ein Glas für Jeden am ganzen Tisch, mit der
Frage: „Was trinkt Ihr, Mates?"

Damit hatten sie gewonnen Spiel; „Jack", wie der Matrose im Allgemeinen heißt, liebt eine „offene Hand". Es liegt
einmal in seiner Natur, freigiebig zu sein, so lange er noch
Geld in der Tasche hat, und hat er keins mehr, nun dann kann

...ben so gut entbehren und wartet erst wieder seine Zeit ab, denn er auf's Neue das Land betritt — aber er betritt das Land nicht ohne Geld.

Tom hatte für sie Beide eine paar kleine Pfeifen mitgebracht, aber es wäre das kaum nöthig gewesen, denn die Cigarren haben sich auch schon zu den Matrosen ihre Bahn gebrochen und gelten nicht mehr als „stuck up finery" wie in früheren Jahren. Tabak gekaut wurde aber von Allen, und selbst George und Tom, und wenn sie den ersten Kreisen der Metropole angehörten, verschmähten ihr Priemchen nicht, ja hielten es sogar für einen Genuß.

George hatte es sich freilich in der letzten Zeit abgewöhnen müssen, denn Jenny wollte es nicht leiden. Sie war zu viel mit „vornehmen" Fremden in Berührung gekommen, die es als „unanständig" betrachteten, und George — fügte sich eben. Heute schnitt er sich aber von einem ihm freundlich gebotenen „plug" wieder ganz ruhig ein Stückchen ab und schob es in den Mund. Es gehörte nun einmal zu der Rolle, die sie heute Abend spielten, und einen Matrosen, der nicht Tabak kaute, gab es überhaupt nicht in ganz Amerika. Bis morgen wurde er den Geruch auch schon wieder los, so daß Jenny selbst keineswegs etwas davon erfuhr.

Und jetzt, nachdem die Einführung bewirkt und der frische Grog gebracht war, begannen das Gespräch und die Erzählungen von Neuem, und ein wahrer Jubel brach los, als ein unglückseliger junger Matrose, der gerade von Angostura, aus dem Orinoco, gekommen war und nun meinte, er könne mit einer Alligatorgeschichte Bewunderung erregen, den Zorn des Wallfischfängers wie des Ostindienfahrers im Nu über sich heraufrief. Beide fielen auch zu gleicher Zeit über ihn her: Alligatoren? — bah — große Eidechsen, weiter nichts, die sie im Ganges und im japanischen Meer mit der Angel gefangen hatten — die Krokobile dort sollte er sehen. — So ein Krokobil schluckte einen von seinen Alligatoren ganz hinunter und sah sich noch

nach mehr um, und was für Kämpfe hatten sie mit denen
ſtanden. — Und dann die Meerweibchen im indiſchen Meer und
zwiſchen den Gewürzinſeln. — Einmal war ihnen ein Mann über
Bord gefallen, ein junger hübſcher Burſch von der Inſel Marthas Vineyard, aber ehe ſie nur ein Boot hatten ausſetzen können, ſei ein Meerweibchen aufgetaucht, habe ihn in den Arm genommen und dann augenblicklich zum Grund gezogen.

„Das war jedenfalls ein Haifiſch,“ erklärte unglücklicher-
weiſe ein Anderer; der Oſtindienfahrer warf ihm aber, ohne eine
Widerlegung für nöthig zu halten, einen ſo verächtlichen Blick
zu, daß er gar nicht wagte, eine weitere Bemerkung zu äußern.

Tom, der ſich hier in ſeinem Element fand, erzählte nun,
daß er einmal von New-York aus nach New-Orleans gefahren, dort
vom Schiff weggelaufen wäre und ſich ein halbes Jahr in den
Sümpfen verſteckt gehalten hätte, wo er die merkwürdigſten
Abenteuer mit Bären, Panthern und großen Schlangen erlebt;
aber er drang damit nicht durch; Elephanten-, Tiger-, Rhino-
ceros- und Eisbären-Jagden überboten ihn augenblicklich, und
George, ſo viel Spaß ihm auch im Anfang das Treiben gemacht
hatte, fing an zu ermüden. Möglich auch, daß ihn der außer-
gewöhnlich reichlich genoſſene Grog ſchläfrig machte. Er winkte
Tom zu, daß ſie jetzt gehen wollten, dieſer aber ſchien ihn gar
nicht zu verſtehen und ſich ſelber in einer beſonders erregten
Stimmung zu befinden. Er lachte und trank mit den Uebrigen
nach Herzensluſt und hatte ſchon eben wieder ein friſches Glas
„all around“ beſtellt, von dem ſich auch natürlich George nicht
losmachen konnte. Und ſollte er Tom hier allein zurücklaſſen?
Das ging auf keinen Fall an, denn wenn der Freund wirklich
ein wenig zu viel getrunken hatte, brauchte er um ſo mehr ſeine
Hülfe.

Der Seemann, der ſie hierhergebracht und den die übrigen
Matroſen „Boas“ genannt — was etwa unſerem „Baas“ ent-
ſpricht —, ſaß neben ihm am Tiſch und der Wirth hatte eben
drei Gläſer vor ihn hingeſtellt, die faſt wie Weinpunſch aus-

sahen. Er kostete auch erst an dem einen, rührte eine Weile darin herum und ließ sich endlich noch ein anderes Glas Rum bringen, um das Getränk, wie es schien, schmackhafter zu machen. Niemand achtete dabei auf ihn, obgleich sein eigener Blick fortwährend im Kreise herumging. — Seine Hände waren indeß geschäftig, und erst als er Alles beendet hatte, steckte er die rechte Hand in die Tasche, nahm sein Tuch heraus, wischte sich damit die Stirn, und es wieder zurückschiebend sagte er zu dem neben ihm sitzenden George:

„Nun, Mate, wollen wir auch einmal eins zusammen trinken."

„Ich kann nicht mehr," sagte dieser abwehrend — „ich habe so schon zu viel getrunken und werde müde."

„Ihr habt nicht zu viel getrunken, Mate," sagte der See= mann, „aber Euer Kamerad da drüben scheint einen Spitz zu bekommen, und wenn Ihr meinem Rathe folgt, so macht Ihr, daß Ihr ihn nach Hause bringt. — Wo wohnt Ihr?"

„In der Stadt — in — Nassau Street —"

„Nun gut — das hier nur noch für ein night cap*), wie wir's nennen. Wir wollen Euern Freund hier herüber rufen, denn dahinten sitzt er fest und kommt nicht los."

Die Warnung war sicherlich gut gemeint und auch wohl begründet, und George stand auf, um Tom das Beispiel zu geben.

„Hallo, George, wohin?" rief Tom, als er ihn bemerkte — „sitz wieder nieder, alter Junge, so jung kommen wir nicht mehr zusammen, und eine so famose Gesellschaft treffen wir auch so bald nicht mehr. Hurrah, shipmates, die See, der blaue Ocean soll leben!"

„Salzwasser, Grog ohne Zucker und Rum," sagte der Wall= fischfänger trocken, „hol' die See der Teufel, mir graut's schon wieder davor, und am Land bin ich lieber ein ganzes Jahr, als

*) Nachtmütze.

einen einzigen Tag an dem verbrannten Bord — aber was kann's helfen — hacken und schaufeln kann unser Einer nun doch einmal nicht, und zu Fuß gehen ist auch elende Arbeit, wenn man's lange treiben soll — so meinetwegen: Here is to the sea!" und er leerte dabei sein Glas auf einen Zug.

„Ich muß Dir etwas sagen, Tom," rief George dem Freunde indeß über den Tisch hinüber — „komm' nur auf einen Moment herüber."

Tom sah ihn an und schüttelte mit dem Kopfe, aber George winkte so beharrlich und machte so bedeutsame Zeichen, daß Jener endlich glaubte, er habe ihm ganz etwas Besonderes mitzutheilen, so daß er sich, wenn auch mit einiger Mühe, Raum verschaffte, um nach vorn zu kommen. George merkte dabei, daß er etwas im Kopfe hatte, und um ihn gefügiger zu machen, flüsterte er ihm, als er ihn endlich bei sich hatte, zu:

„Komm', Tom, laß uns nach Hause gehen — ich habe zu viel getrunken, der Kopf wirbelt mir, und Du kannst Dir denken, daß ich hier nicht liegen bleiben möchte — Du hast mich hergebracht, — nun bring' mich auch wieder fort — laß uns gehen. Mir wird übel und weh und ich kann kaum noch auf den Füßen stehen."

„Hallo, George," lachte Tom, „schon so weit fertig? — Da kann ich mehr vertragen — aber Jammerschade wär's, wenn wir jetzt schon fort müßten — die Sache fängt gerade erst an, fidel zu werden."

„Aber ich halte es nicht länger aus — Du wirst mich doch jetzt nicht wollen allein gehen lassen?"

„Nein," sagte Tom gutmüthig, „gewiß nicht, George."

„Aber noch einen Schluck trinkt Ihr, Mates, ehe Ihr geht," rief der alte Seemann, der dabei stand und die Worte gehört hatte — „nachher bringe ich Euch selber auf die Straße."

„Nicht einen Tropfen mehr," rief George.

„Oho!" sagte der Alte beleidigt, „und wißt Ihr so wenig, was Sitte ist unter Theerjacken? Glaubt Ihr, daß wir uns nur

von Euch traktiren lassen? Und wenn Ihr vielleicht zu einem
Kriegsschiff gehört habt, hier gelten gleiche Rechte, und verdamm'
mich, wenn ich mich von irgend einem Menschen auf der Welt
beleidigen lasse."

Der alte Bursche schien selber der Flasche ein wenig stark
zugesprochen zu haben, und da sich nach der lauten Rede schon
eine Anzahl von Köpfen umdrehte, mochte George am aller-
wenigsten Streit erregen.

„Kommt, kommt, Mate," sagte er beschwichtigend, „es fällt
Keinem von uns ein, Euch zu beleidigen. Auf Euer Wohl
trinken wir Beide von Herzen gern noch einmal, aber dann
bringt Ihr uns auch hinaus, wie?"

„Hab' ich's Euch nicht versprochen, shipmates?" sagte der
Seemann, rasch beruhigt, „also eine gute Fahrt!" und Jedem
der Beiden eines der Gläser reichend, leerte er das seine auf
einen Zug und sah dann die Freunde erwartungsvoll an. Tom
folgte auch seinem Beispiele rasch; George nur zögerte einen
Moment — der Grog schien ausnahmsweise stark und er fürchtete, daß er am nächsten Morgen schmähliche Kopfschmerzen haben
würde. Aber was half's! Er hatte A gesagt und mußte nun
auch B sagen, und mit dem festen Entschluß ansetzend, folgte er
dem Beispiele der anderen Beiden.

Und doch, wie Feuer ging es ihm durch die Adern und zugleich wieder wie glühendes Blei — die Lichter umher fingen
an zu tanzen und er mußte sich einen Moment an dem nächsten
Stuhle festhalten.

„Damn it, George," lachte Tom, „ich glaube wahrhaftig, Du
hast genug — na komm', ich bringe Dich in Dein Quartier und
bis morgen früh hast Du Alles verschlafen. Mir wird selber im
Kopfe wirr — das war ein verwünscht scharfer Grog, Mate, ich
möchte selber nicht einen zweiten trinken."

„Ein Sorgenbrecher war's," lachte der Alte, „wie wir ihn
jedesmal vor Schlafengehen nehmen, und am nächsten Morgen
ist der Kopf nachher klar und hell wie eine Glocke. — Aber ich

glaube, es wird wirklich Zeit, daß wir gehen, denn dahinten geht der Skandal los, und wenn die Burschen erst einmal das Hirn ein wenig zu heiß bekommen, sind sie auch mit den Fäusten rasch bei der Hand. Kommt nur, ich führe Euch durch einen Durchgang gleich hinein in Waterstreet, und jeder Watchman zeigt Euch dann nach Eurem Quartier."

Er hatte Recht; an einem der hinteren Tische war Streit ausgebrochen, und die dort sitzenden Damen nahmen, nicht eben in den zartesten Ausdrücken, Theil daran. George warf den Blick dorthin, aber war es der dicke Tabaksqualm oder das mattbrennende Gas, um das er bunte Regenbogen sah — er konnte nichts mehr deutlich erkennen und die Figuren schwam: men ihm vor den Augen herum, als ob sie in der Luft schwebten.

Durch den Lärm wurde aber auch die Aufmerksamkeit der Uebrigen von ihnen abgelenkt, denn sie hätten sie sonst vielleicht noch nicht einmal so rasch ziehen lassen. Ihr Führer aber, der wohl merken mochte, wie es jetzt mit Beiden stand, ergriff sie am Arm und brachte sie glücklich aus dem dunstigen Raume hinaus auf den Hof. Diesen kreuzten sie jetzt, aber von einer Richtung, die sie nahmen, hatten sie keine Ahnung — Alles, was sie bemerkten, war, daß sie sich bald wieder in einem stockdunkeln langen Gang fanden, der sie zu einer verschlossenen Thür brachte. Diese öffnete ihr Führer, griff sie dann wieder am Arm und führte sie eine Strecke von da ab — nach rechts oder links — sie wußten es selber nicht.

Tom wollte ihn fragen, wohin er sie bringe, aber er vermochte die Zunge nicht mehr zu rühren, die ihm wie gelähmt im Munde lag — und an der feuchten Mauer tappte er sich hin.

„Tom," lallte da George — „mir wird — mir wird so schwindlich — ich weiß nicht — ich glaube —" er kam nicht weiter und Tom hörte wohl die Stimme, verstand aber schon den Laut der Worte nicht mehr. — Wieder wurde eine Thür geöffnet.

„So — jetzt sind wir auf der Straße," sagte ihr Führer — „nun müßt Ihr Euern Weg aber allein nach Hause finden —"

George taumelte vorwärts — es war so dunkel, daß er seine eigene Hand nicht hätte vor Augen sehen können. — Wie er vortrat, blieb er mit dem Fuß an Etwas hängen und fiel nach vorn — aber er lag weich — er wollte sich aufrichten, aber er vermochte es nicht mehr. — Nur einen Augenblick mußte er sich ausruhen; in seinem Kopfe wirbelte es, als ob er in einem Rad umhergeschleudert würde. Was aus Tom wurde, wußte er gar nicht —. er konnte auch nicht mehr denken. Nur noch für wenige Sekunden blieb ihm der Begriff seines Elends, indem er ausgestreckt am Boden lag — dann schwanden ihm die Sinne.

Eine Ueberraschung.

Als George am andern Morgen — man kann nicht gut sagen erwachte, sondern eher sein Bewußtsein zurückkommen fühlte, blieb er noch eine ganze Weile mit geschlossenen Augen in seinem Bette liegen, denn er machte die höchst unangenehme Entdeckung, daß er seinen Rausch vom vorigen Abend, auf den er sich deutlich erinnerte, noch keineswegs ausgeschlafen habe. Es schaukelte und bewegte sich Alles mit ihm, und er dachte mit Schrecken daran, daß er heute Morgen gar nicht im Stand sein würde, Jenny aufzusuchen — und was mußte sie nachher von ihm denken — für wie lieb- und herzlos ihn halten.

Aber um sich her hörte er fremde Stimmen, und dicht über ihm in der oberen Stube gingen mit schweren Schritten Leute hin und her. — Er schlug die Augen auf, blieb aber still und regungslos liegen, denn Alles, was er sah, war ihm fremd, und er hatte keine Ahnung, wo er sich eigentlich befand. —

Wieder schloß er die Augen und überlegte. — War er denn

geſtern Abend nach Hauſe gekommen? — Er konnte ſich nicht
darauf beſinnen, alſo jedenfalls nicht — und wohin hatte ihn
denn Tom gebracht, oder waren ſie etwa gar in der Matroſen=
kneipe todttrunken liegen geblieben? Heiliger Gott, wenn das
Jenny erfuhr, dann durfte er ſich nur auf eine Scene gefaßt
machen und — das Schlimmſte dabei — ſie hätte Recht
gehabt.

Er ſah umher — richtig Nichts als Matroſen — aber da
oben — da ſtieg Einer durch eine Luke die Treppe herab — und
das — das war ja doch keine Stube, wie man ſie am Lande
fand — das war ja ein Schiff — und mit beiden Füßen ſprang
er aus dem engen Kaſten, in dem er gelegen, heraus und ſtand,
wild umherſtarrend, vor einem Paar der Leute.

„Hallo, Mate,“ lachten dieſe, „ausgeſchlafen? — alle Wetter,
Du haſt Dir vier „Wachen zur Koje“ nach einander weggenom=
men — mußt geſtern Abend einen geſunden Rauſch gehabt
haben. Der wird auch ein gutes Geld gekoſtet haben, — wie?“

„Wo bin ich denn hier?“ rief George ganz verwirrt — „an
Bord eines Schiffes?“ —

Lautes Gelächter der Wacht zur Koje, die ihren Spaß an
dem erſtaunten Geſicht des neuen Kameraden hatten, war ſeine
einzige Antwort, und George, der nicht ein einziges bekanntes
Geſicht unter ihnen entdeckte, ſprang nach der an Deck führenden
Stiege und hinauf.

Ringsum, ſo weit ſein Auge reichte, die See — die wilde,
unbegrenzte See — nur dort zurück, ragten noch die Berge ſei=
ner Heimath empor, aber auch ſchon blau und unbeſtimmt, und
mit einer prachtvollen Briſe, alle Segel vollgebläht, und die Fluth
vorn am Bug emporſchäumend, während die nachſpringenden
Wellen es nur noch immer mehr und eifriger fort vom Lande dräng=
ten, ſchoß das wackere Schiff auf ſeiner Bahn dahin.

George ſtand wie in einem Traum — er wollte ſeinen eigenen
Sinnen nicht trauen, aber der Beweis lag zu unantaſtbar vor
ſeinen Augen, und jetzt erſt überkam ihn das Gefühl der Gefahr.

in der er sich befand, jetzt gerade — jetzt hinaus in den Ocean entführt zu werden, wo ihn ja alle Bande seines Herzens an das Land, an New-York, fesselten.

„Wo ist der Kapitain?" rief er den nächsten Matrosen an, der an Deck stand, ein alter Bursche mit schon grauen fest ge-lockten, ja fast wie in einander gedrehten Haaren. Der aber gab ihm keine Antwort. Was kümmerte ihn der „Grüne"! — Es war der Zimmermann an Bord, eine der wichtigsten Personen.

George flog mehr als er ging das Deck entlang und seine Blicke irrten wild und unstet umher — die Masse Volk an Bord — die vielen Boote, die theils an der Seite hingen, theils über dem Quarterdeck, Kiel nach oben, auf einem Gerüst lagen — die eingemauerten Kessel an Deck — das Alles verrieth ihm wohl rasch, daß er sich auf einem Wallfischfänger befand — aber was kümmerte ihn das Schiff — was hatte er damit weiter zu thun, als daß er so rasch als möglich suchte wieder von hier fort-zukommen.

Es war in der That ein Wallfischfänger, die Betsy-Crow, wie das Fahrzeug, eine ziemlich große und stattliche Bark, hieß, und beim Auslaufen auf eine lange Reise giebt es auf solchen Schiffen, wenn sie auch noch keinen Fang erwarten können, außer-ordentlich viel zu thun. Der Zimmermann muß die Boote nach-sehen, ob sie auch sämmtlich gut im Stande sind, und wo das nicht der Fall ist, die nöthigen Reparaturen vornehmen; der Böttcher anfangen die Fässer, die noch zusammengeschlagen im Raum liegen, wieder nach und nach herzustellen, damit ein Vor-rath davon da ist, wenn sie auf ihren Jagdgrund kommen, oder auch vorher schon, vielleicht zufällig einmal, einen Fisch antreffen. Die Bootsteuerer haben ihre Harpunen, Lanzen, Beile und Messer nachzusehen und zu schärfen, eben so die kleinen Wasserfässer, die in den Booten mitgenommen werden, zu revidiren, ob sie dicht und zum augenblicklichen Gebrauch tüchtig sind; und den Harpunieren, die das Boot so lange führen, bis sie an einen Fisch heran und fest kommen, liegt es ob, ihre kleinen Segel und das Takelwerk derselben zu mustern, ob auch da Alles im Stande ist, und überhaupt nachzusehen, daß Jeder ihrer Unter= gebenen seine Schuldigkeit thue.

Nur der Kapitän scheint der einzige Müßige an Bord, und hat auch in der That beim ersten Auslaufen, sobald er nur erst einmal den Kurs angegeben, gar nichts zu thun, als Mittags seine Berechnung zu machen — und selbst dazu befindet sich noch auf manchen Wallfischfängern ein besonderer Offizier.

Kapitän Rogers ging denn auch jetzt, seine Cigarre rauchend, die Hände in den Taschen seines großen Peajackets, zu Steuer= bord auf seinem Quarterdeck auf und ab und warf nur manch= mal einen Blick nach seinen oberen und leichten Segeln hinauf, denn die Brise wehte in der That so frisch und schien außerdem im Wachsen, daß man sie im Auge behalten mußte.

George — noch im bloßen Kopf, wie er aus der Koje ge= sprungen, und mit etwas verwildertem und übernächtigem Aus= sehen dazu — sprang die wenigen Stufen auf das erhöhte Quarterdeck hinauf. Der Mann dort oben mußte der Kapitän sein, und rasch auf ihn zugehend, sagte er mit angstgepreßter Stimme:

„Kapitän, ich bitte Sie um Gottes willen, setzen Sie mich so rasch als irgend möglich an Land oder auf eines der zurück= gehenden Schiffe ab — durch ein räthselhaftes Mißverständniß bin ich auf Ihr Schiff gekommen —"

„Räthselhaftes Mißverständniß, mein Bursche?" sagte Kapi= tän Rogers, der stehen blieb und ihn von oben bis unten be= trachtete — „auf welches andere Schiff wolltest Du denn sonst?"

„Ich bin gar kein Seemann," rief George — „mein Vater, dessen Name ich führe, ist George Halay in New=York."

„Wahrscheinlich!" nickte der Kapitän mit einem spöttischen Lächeln — „natürlich der reiche Halay in Broadway —"

„Derselbe — ich bin sein Sohn und auf morgen ist meine Hochzeit mit James Wood's Tochter angesetzt."

„Auch natürlich James Wood aus Wallstreet —"

— 35 —

„Der nämliche — Sie können sich denken, daß ich —"

„Und warum nicht gleich Kaiser von Frankreich oder China — Damn it, mein Bursche, wenn Du einmal lügst, weshalb nicht gleich ordentlich —"

„Aber, Kapitän, ich gebe Ihnen mein Ehrenwort —"

„Marsch nach vorn, wohin Du gehörst," rief aber der See= mann barsch — „aus Versehen ist Niemand zu mir an Bord gekommen, mein Bursch, denn alle Leute — und Dich habe ich heute Nacht dabei ganz besonders gesehen — hat Euer Schlaf= baas gebracht und sein Geld dafür bekommen."

„Sein Geld? — der Schlafbaas?" rief George ganz ver= wirrt. „Kapitän, ich begreife das Alles nicht; aber es ist eine Be= trügerei vorgegangen. Welche Summe Sie auch ausgelegt haben, sie soll Ihnen zurückerstattet werden — jetzt aber muß ich augen= blicklich an Land zurück."

„Das nächste Land, das Du wieder zu sehen kriegst," sagte Kapitän Rogers mit einem sarkastischen Lächeln — „werden wahrscheinlich die Sandwichs=Inseln sein, und das hat noch einige Zeit. Marsch nach vorn, sag' ich, — an Land setzen? lächerlich, mit der Brise, wo wir eilf Knoten laufen."

„Kapitän!" rief George in der furchtbarsten Aufregung — „ich mache Sie für die Folgen verantwortlich — Sie können, Sie dürfen mich nicht mit in See schleppen —"

„Mr. Howes," rief der Kapitän seinen zweiten Harpunier an, „lassen Sie mir einmal den Mann da nach vorn schaffen, und wenn er sich widersetzt, legen Sie ihn nur in Eisen. Ich denke, wir werden ihn schon zahm kriegen!"

„Und wenn ich Ihnen nun Beweise bring, Kapitän," rief George in äußerster Verzweiflung, indem er in die Brusttasche griff, um dort nach seiner kleinen Tasche zu suchen, der Har= punier aber, der wohl glauben mochte, daß er nach einer ver= borgenen Waffe griff, warf sich auf ihn. Zwei dort an einer der Parbunen beschäftigte Leute sprangen auf einen Wink des Kapitäns ebenfalls hinzu, und wenn sich George auch jetzt mit

3*

aller Kraft der Verzweiflung zur Wehr setzte, die drei baumstar=
ken Burschen ließen in ihrem Griff nicht nach, und der Unglück=
liche fand sich, kaum zehn Minuten später, mit Handschellen an
den Händen unten in dem jetzt noch leeren und sogenannten
„blubber" Raum, d. h. dem Theil des Zwischendecks, wo hinab
später nach dem Fang eines Wallfisches der eingeschnittene Blub=
ber oder Speck des Fisches geworfen wurde, bis er ausgekocht
und in Fässer gefüllt werden konnte. Die Luke wurde dann zu=
geworfen, und George Halay, aus dem Vaterhause, der Heimath,
von der Seite der Geliebten gerissen und Allem entführt, was
ein Mensch nur in seinen kühnsten Träumen vom Glück erhoffen
kann, lag in Eisen und Dunkelheit auf den harten Planken des
Zwischendecks, und weiter, immer weiter hinaus in See, in das
offene öde Meer schoß das Fahrzeug, das ihn dem Vaterland
entführte, auf seiner Bahn.

In See.

An dem Abend brachte man dem Gefangenen, um den sich
sonst aber Niemand bekümmerte, sein Essen hinunter in den
Raum, doch er verweigerte Alles, und als er dem Zimmermann,
der zu ihm kam, sein Leid klagte und ihn auffordern wollte, ihm
zu helfen, sagte der mürrische Gesell:

„Wenn Du einen guten Rath von mir annehmen willst,
mein Bursch, dann hälst Du Dich ganz ruhig und machst keine
Dummheiten. Ändern kannst Du nichts an der Sache, so viel
solltest Du vernünftiger Weise einsehen, denn wir sind schon aus
Sicht vom Land, und daß der Alte nicht wegen Dir noch ein=
mal umdreht, wo uns jetzt ein kleiner Sturm nach Süden hin=
unterjagt, darfst Du Dir wohl denken. Wir brauchten jetzt auch
wenigstens acht Tage, um gegen den Wind wieder aufzukreuzen.
— Haben wir aber einen guten Fang, so sind wir in drei Jah=

ren wieder zurück, und mit einer Tasche voll Geld kannst Du
Dir dann in New-York eine Güte thun. Jetzt ist's nichts, und
wenn Du Dich einmal für ein Schiff anwerben läßt, mußt Du
auch Deine Zeit aushalten."

„Aber ich habe mich nicht anwerben lassen!" rief George
erregt aus.

„Wenn der Mensch eine Flasche zu viel im Kopfe hat, weiß
er nie mehr am andern Morgen, was er am Abend vorher gethan — alte Geschichte," brummte der Zimmermann und stieg
dann wieder, ohne sich um den Gefangenen weiter zu kümmern,
an Deck hinauf.

George verbrachte eine furchtbare Nacht in dem dumpfigen,
dunkeln und öden Raum. Das nur in Ballast befindliche Schiff
schaukelte und schlingerte dabei furchtbar und die Seekrankheit
milderte endlich wenigstens seine geistigen Leiden, indem sie ihn
dieselben — wenn auch nur für kurze Zeit — in dem schauer-
lichen Zustand der Gegenwart vergessen ließ.

Und der ¨hste Morgen brach an — sein Hochzeitstag mit
der Perle New-y, ls, um die ihn Tausende beneidet hatten —
und er? — er drückte sein Gesicht in die gefesselten Hände und
schluchzte laut. Aber was half es ihm — draußen an Bord
plätscherten und peitschten die Wellen an, die ihn weiter fort von
der Geliebten führten, und in den Händen erbarmungsloser
Menschen, durfte er diesen ja nicht einmal sein Leid klagen, wenn
er sich nicht der Gefahr aussetzen wollte, auch noch von ihnen
verspottet zu werden.

Heute kam der Böttcher zu ihm, der auch die Luke offen
und die Sonnenstrahlen zu ihm hereinließ. Er brachte ihm einen
Becher Kaffee und Zwieback und blieb, während er ihn kopfschüttelnd betrachtete, neben ihm stehen.

„Du siehst gut aus, Mate," nickte er dazu, „hol' mich der
Teufel, wenn Du nicht den übrigen Leuten als abschreckendes
Beispiel dienen könntest. Aber raff' Dich ein bißchen zusammen,

der erste Harpunier wird gleich herunterkommen und Dir die
Eisen abnehmen, denn mit dem Faullenzen hier unten geht's nicht
länger."

George starrte ihn an. Das war der nämliche Seemann,
den er gestern oder vorgestern Abend — er hatte seine ganze
Zeitrechnung verloren — in der Matrosenkneipe an Land gesehen.

„Waren wir nicht neulich den Abend beisammen?"

„Nun gewiß, Mate," lachte der Mann, „wo Ihr Beiden,
Du und Dein Kamerad, mit dem alten Gauner, dem Schlafbaas,
in den Anker kam't. Müßt verdammt grün sein, daß Ihr Euch
mit dem eingelassen habt, denn das ist der größte Halunke, der
je in einem Peajacket herumgelaufen. Jetzt ist aber nichts mehr
zu machen, denn wir sind einmal unterwegs und außerdem ein
bischen knapp an Mannschaft, und da ließe der Alte Keinen mehr
los, selbst wenn er es noch möglich machen könnte. Aber auch
das ginge nicht einmal mehr, denn an Land können wir hier
nirgends, und mit der See, die jetzt draußen steht, kommt uns
kein anderes Fahrzeug in wenigstens eine Meile Nähe."

„Aber weiß Euer Kapitän, welcher Gefahr er sich aussetzt,
wenn er mich mit in See nimmt? — ich bin —"

„Bah," unterbrach ihn lachend der Böttcher — „und wenn
Du der Präsident selber wärst, Kamerad -- was Du aber aller
Wahrscheinlichkeit nach nicht bist, denn dazu siehst Du zu jung
aus, — so kann kein Gesetz der Welt unserem Alten etwas dafür anhaben. Er hat Dich von dem Schlafbaas übernommen,
und hätte der faul Spiel gemacht, so könntest Du den vielleicht,
wenn Du einmal zurückkommst, vorkriegen. Dem Alten dürfen
sie aber nichts anhaben, denn von wem sollen wir unsere Leute
nehmen, als von den Schlafbaasen? Die sorgen dafür, und
mancher Kapitän dürfte Wochen lang noch mit voller Ladung im
Hafen liegen, wenn ihm die nicht die Mannschaft an Bord brächten.
Weshalb läßt Du Dich mit solchen Halunken ein? Geschieht Dir
ganz Recht, wenn Du Lehrgeld zahlen mußt. Das nächste Mal
komm' selber an Bord und sieh' Dir vorher Dein Schiff an."

„Aber wir haben uns nicht mit ihm eingelassen,“ rief George — „wir sind gar keine Matrosen und trafen ihn nur zufällig auf der Straße.“

Der Böttcher lachte: „Dann wußt’ er recht gut, daß man auf einem Wallfischfänger Alles brauchen kann, was vorkommt — Schuster und Schneider und was in der Welt herumläuft. Wer nur etwas versteht, findet auch hier seine Beschäftigung und kann sich nützlich machen.“

„Aber ich habe gar Nichts gelernt, was ich hier gebrauchen könnte,“ rief George in heller Verzweiflung — „nichts als Jura studirt — ich war Advokat und bin dann später erst in meines Vaters Geschäft getreten.“

Der Böttcher sah ihn förmlich verblüfft an und pfiff durch die Zähne — dann aber brach er in ein schallendes Gelächter aus und rief: „Einen Advokaten gefangen? — einen Landhai? — das ist kostbar — na, wenn das die Mannschaft erfährt, dann darfst Du Dich aber auf einen Spaß all around gefaßt machen — einen Landhai an Bord! Was zum hellen Teufel hat Dich denn aber da in eine Matrosenjacke gebracht, mein Junge? Na, das ist kostbar, und da weiß ich freilich nicht, was sie mit Dir anfangen sollten.“

George biß sich auf die Lippen, aber er fühlte auch, daß hier jedes Gegenreden nutzlos sein würde, und nur wie sich der Böttcher wandte, um wieder nach oben zu steigen, fiel ihm Tom ein und was aus dem geworden.

„He, Freund,“ rief er ihn noch einmal an — „Ihr wißt doch, daß wir gestern Abend unserer Zwei waren. Könnt Ihr mir sagen, ob sich mein Kamerad ebenfalls an Bord befindet oder was aus ihm geworden?“

Der Böttcher blieb stehen und schüttelte mit dem Kopf: „Der Andere hatte so helle, flachsige Haare, wie?“

„Gewiß — ist er mit uns an Bord?“

Der Seeman schüttelte noch einmal. „Nein,“ sagte er — „ist auch nicht wahrscheinlich, denn wenn Ihr Beiden wirklich

abgefangen feib, wie mir jetzt beinahe ſcheinen will, und er
hat halbwegs ein paar verſchiedene Schiffe für Euch gehabt, ſo
ließ er Euch in dem Fall auch nicht zuſammen. Möglicherweiſe
iſt Dein Kamerad jetzt nach Oſtindien unterwegs. Der Raja
Brooks ſegelte etwa eine Viertelſtunde vor uns aus und wir hatten
ihn Morgens um neun Uhr, am erſten Tage, noch in Sicht.
Die Leute vom Brooks waren ja auch an dem Abend mit im
Anker.

George ſeufzte tief und ſchwer auf. So war er denn ganz
allein und verlaſſen — verloren, und nicht einmal Nachricht
konnte er nach Hauſe ſenden, um ſeine Eltern, um ſeine Braut
— ſeine Jenny zu beruhigen. Und was mußte dieſe von ihm
denken, wie ſich um ihn abhärmen und grämen, wenn ſie erſt
nicht mehr anders konnte, als ihn todt zu glauben. — Und das
Alles nur eines leichtſinnigen, jugendlichen Streiches wegen —
Oh, hatte er denn deshalb ſo furchtbare, entſetzliche Strafe
verdient? —

Der Böttcher war wieder nach oben geſtiegen, um ſeine
Nachricht unter die Mannſchaft zu bringen, daß ſie einen Land=
hai — wie die Matroſen ſtets die Advokaten nennen — gefan=
gen hätten, was er als ein günſtiges Zeichen für ihre Jagd
nahm. Indeſſen aber kam der erſte Harpunier mit einem der
Bootsſteuerer herab und ſagte, vor George ſtehen bleibend:

„Höre, mein Burſche, der Böttcher hat mir eben erzählt
daß Du gar kein Seemann und wahrſcheinlich aus Verſehen hier
an Bord gekommen biſt — Du biſt aber einmal an Bord, wie
die Sachen ſtehen, und da wir nothwendig Leute brauchen, läßt
Dich der Alte auch nicht wieder fort — was jetzt nicht einmal
anginge, wenn er ſelber wollte. Sei alſo vernünftig, oder wir
müſſen Dich vernünftig machen, und das iſt für beide Theile
unangenehm. Ich will Dir jetzt die Eiſen abnehmen und Du
magſt ruhig an Deine Arbeit gehen; — machſt Du aber wieder
Dummheiten, ſo haſt Du Dir die Folgen ſelber zuzuſchreiben.

Möchtet Ihr ihm nicht vorher einmal die Taschen visitiren, Bill, ob er Waffen bei sich trägt?"

„Wir haben das schon gestern gethan," sagte der Boots= steuerer — „er hat gar Nichts darin."

„Und wie der Mensch aussieht! — wo hat er denn seine Sachen? Wie heißt Du, mein Mann?"

„George Halay," sagte George düster.

„Das George genügt zu einem Handgriff," lachte der Har= punier, „denn Mr. Halay wirst Du hier an Bord nicht genannt — Hast Du Deine Kiste mit an Bord?"

„Ich habe gar Nichts," lautete die Antwort — „Geld hatte ich bei mir, aber ich weiß nicht einmal, ob sie mir selbst das gelassen haben."

„Geld? — wie viel?"

„Etwa fünfzig Dollar."

„Fünfzig Dollar?" rief der Harpunier erstaunt aus — „Dann bist Du auch wahrhaftig kein Seemann, denn mit so viel Geld geht kein Matrose wieder in See — aber macht ihm die Eisen los, Bill, und sorgt dann dafür, daß er sich wäscht und frische Kleider und Hemden bekommt. Ich will's dem Kapitän sagen, daß er sie herausgiebt, und holt sie nachher bei dem ab. Hat er so viel Geld, so kann er sie gleich bezahlen, oder sie werden ihm auch später abgeschrieben. — So wie er da ist, können wir ihn gar nicht in's Logis'*) hinunterlassen."

Der Bootssteuerer hatte ihm schon die Eisen abgenommen und George vermochte anfangs kaum seine Arme zu bewegen; — jetzt war sein erster Griff nach der Tasche, in der er das Geld gehabt — fort — auch ebenso seine Uhr, und ohne Hilfe und Mittel war er in die Welt hinausgeworfen.

Der Harpunier lachte. „Hast Du wirklich geglaubt, Du hättest es noch, wo Dich ein Schlafbaas betrunken an Bord ge=

---

*) „Logis" wird der Aufenthalt der Matrosen im sogenannten Forecastle genannt.

bracht? — ist nicht gut denkbar und kommt auch wohl nicht vor. Aber nun wasch' Dich vor allen Dingen und mach' Dich sauber, und dann wasch' auch Deine Kleider aus und hänge sie auf — Bill hier wird Dir das andere Zeug bringen. Bis Du Deine Sachen wieder sauber hast, sollst Du von jeder anderen Arbeit befreit sein, denn so können wir Dich nicht gebrauchen — kannst Du rudern?"

„Das kann ich allerdings," sagte George düster. „Ich habe selber ein Boot in der Bai zu Wett= und Segelfahrten."

„Oho, desto besser, so bist Du doch zu was gut, und das Andere wollen wir Dir dann schon beibringen."

„Und welches ist der erste Hafen, an dem wir landen?" frug George.

„Ja, du lieber Gott," lachte der Harpunier — „das kann noch lange dauern — wahrscheinlich auf irgend einer Insel in der Südsee."

„Aber es wird doch vorher eine Möglichkeit vorhanden sein, um wenigstens einen Brief an Land oder auf ein fremdes Schiff zu bringen?"

Der Harpunier zuckte mit den Achseln. „Wer kann's sagen — möglich ist's schon — aber nicht wahrscheinlich — es müßte denn sein, daß wir die Falklands=Inseln anliefen — und was hülfe Dir das? gar nichts. Wenn Du meinem Rathe folgst, Kamerad, — und Du kannst Dich darauf verlassen, daß ich Bescheid weiß, denn ich treibe mich seit 36 Jahren auf See herum, — so nimmst Du die Sache wie ein Mann — ‚You are in for it,‘ wie wir sagen — Du sitzt einmal drin, und willst Du nur ein leibliches Leben mit der übrigen Mannschaft führen, so laß sie nicht merken, daß Du — wenn Du vielleicht früher was Besseres gewohnt warst — Dich in ihrer Gesellschaft nicht behaglich fühlst. Du könntest Dich sonst auf ein Hundeleben gefaßt machen. Und jetzt wasch' und reinige Dich — Du siehst aus, daß man Dich nicht mit einem Blubberhaken anfassen möchte."

Damit überließ er den Unglücklichen sich selber, und noch

einmal stiegen die Bilder der Heimath vor ihm auf. — „Dort in New-York jetzt — sein Hochzeitstag — alle Gäste geladen und seine Eltern in Sorge, sein Lieb in Thränen und Ver= zweiflung, und hier? —" Er barg das Antlitz erschüttert in den Händen, aber — ein Gefühl in seinem Innern sagte ihm auch dabei, daß er sich dem nicht länger hingeben dürfe. Der Harpunier hatte Recht: er mußte sein Schicksal wie ein Mann ertragen — so lange wenigstens, als er eine Aenderung un= möglich sah. Trat das ein, gut, dann konnte er handeln, aber jetzt hätte er mit thörichten Klagen seine Lage nur verschlimmert, und — er fühlte die Kraft in sich, auch dem Furchtbarsten trotzig die Stirn zu bieten.

Ohne auch nur einen Moment länger in nutzloser Schwach= heit zu verbrüten, stieg er an Deck hinauf und fand jetzt, wie er nun in das Sonnenlicht hinein kam, daß er entsetzlich zu= gerichtet sein mußte. Nur was er selber von sich sehen konnte, ekelte ihn an, und er verdachte es den Leuten nicht, daß sie ihm scheu und ohne Gruß, ja mit offenbarem Ekel auswichen. Frei= lich stand er zugleich auch ziemlich rathlos da und wußte nicht gleich, wohin er sich wenden sollte; der Böttcher aber nahm sich hier seiner an, holte ihm einen Eimer voll Seewasser herauf und gab ihm ein Stück sogenannte „Seeseife", die das Salzwasser annimmt, denn mit frischem Wasser wurde natürlich auf einem Schiff, das eine so lange Reise vor sich hatte, außerordentlich gespart und kein Tropfen durfte davon durch Waschen vergeudet werden.

Der Bootsteuerer Bill brachte ihm außerdem frische Kleider und Wäsche, denn die Kapitäne der Wallfischfänger nehmen von diesen einen großen Vorrath auf See mit und verkaufen ihn dann unterwegs zu bestimmten Preisen, die aber für sie auch einen bedeutenden Nutzen abwerfen, an die Matrosen. Nach Be= endigung der Fahrt wird ihnen der Betrag der erhaltenen Waaren dann von ihrem Antheil an dem gewonnenen Oel abgezogen, und es geschieht dabei gar nicht etwa so selten, daß die armen Teufel

nach einer sehr langen Reise eben so viel dem Kapitän für be=
zogene Kleider und Schuhe schuldig sind, als sie von dem Schiff
für ihren Antheil gut, also die ganze Reise umsonst gemacht
haben.

Auch Zeit ließ man ihm, seine alten Kleider und seine
Wäsche zu reinigen, wobei er sich freilich anfangs noch ein wenig
ungeschickt anstellte. Ein Glück für ihn nur, daß er seine See=
krankheit mit dem ersten Anfall überwunden hatte, sein Loos
wäre sonst ein noch viel elenderes gewesen, denn Rücksicht wird
darin an Bord auf einen neuen Matrosen nie genommen.

George hatte, als er das Deck betrat, einen Blick über den
Horizont geworfen, und der genügte vollkommen, um ihm zu zei=
gen, daß jeder Widerstand doch unnütz und vergeblich gewesen
wäre. Ueberall lag unbegrenzt das weite Meer — kein Land,
kein Segel mehr in Sicht, und wenn der Wind auch nicht mehr
so heftig blies, so wehte doch noch eine ganz frische Brise und
mit voll ausgeblähter Leinwand verfolgte das Fahrzeug seine
Bahn.

Nun hatte der Böttcher allerdings das Geheimniß, daß
George ein Advokat sei, nicht bei sich behalten können und der
übrigen Mannschaft mitgetheilt. Die Leute selber aber, von
denen Manche schon vielleicht in ähnlicher Weise auf ein Schiff
gebracht waren, fühlten doch auch wieder ein gewisses Mitleiden
mit Jemandem, der so plötzlich und wider seinen Willen auf
See geworfen worden. Schon das genügte, wenn sie auch die
näheren Umstände dabei nicht einmal kannten, und man ließ ihn
deshalb ziemlich still gewähren. Ja man glaubte nicht einmal
recht des Böttchers Bericht, denn es schien zu unwahrscheinlich,
daß sich ein richtiger „Advokat“ habe in einer solchen plumpen
Falle fangen lassen.

George übrigens war klug genug, sich in die Umstände zu
fügen. Der erste lähmende Schreck, der erste Ausbruch der Ver=
zweiflung war überwunden, und wie er sich stets energisch von
Charakter gezeigt, beschloß er auch jetzt die Zähne aufeinander

zu beißen und seine Zeit abzuwarten. Für den Augenblick konnte
weder er sich helfen, noch ihm ein anderer Mensch; kam aber der
günstige Moment, dann wollte er ihn auch benützen und sich entweder in Gutem oder mit Gewalt aus dieser furchtbaren Lage
befreien. Es war ja auch nicht denkbar, daß die Gelegenheit so
lange auf sich warten ließe.

Und Jenny? — Es schnürte ihm das Herz zusammen, wenn
er sich dachte, wie sie sich um ihn sorgen, um ihn grämen und
lange Wochen vielleicht auf ihn harren würde. — Und was
mußte sie von ihm denken, daß er sie so plötzlich, so geheimniß-
voll verlassen — seine arme, arme Jenny! Aber er trug selber
die Schuld; weshalb hatte er auf eine Mädchenlaune, eine kleine
unschuldige Koketterie mit dem Bräutigam ein solches Gewicht
gelegt — war es nicht selber von ihm, dem Mann, der vernünftiger hätte sein sollen, kindisch gewesen? — Und so furchtbar —
so unerhört sollte er dafür gestraft werden!

Man ließ ihm übrigens nicht lange Zeit, sich seinen trüben
Gedanken hinzugeben.

„George — komm' her, mein Bursch, und dreh' mir einmal
den Schleifstein," rief ihn der zweite Bootssteuerer an, der ein
paar alte verrostete Harpunen wieder in Stand zu setzen hatte —
„na? flink ein bischen, mein Bursch, das ist doch wenigstens eine
Arbeit, die Du leicht lernen kannst, und das macht Dir die Glie-
der wieder gelenk."

Stundenlang stand er — der einzige Sohn des reichen
Halay — jetzt an dem schweren Stein und drehte, bis er kaum
noch seine Arme regen konnte — dann mußte er lernen Schie-
mans-Garn drehen, dann Holz und Kohlen für den Koch herauf-
holen, dann an die Pumpe mit den Uebrigen, dann helfen die
Pardunen straffer anziehen und theeren, und manchen Fluch dabei von den Kameraden hören, wenn ihm der einfachste Knoten
ein Geheimniß war. Wie oft warf er dabei den Blick sehn-
suchtsvoll über Bord, und als der Abend kam — als er dachte,
was ihn heute, um diese Zeit, den vor Tausenden Beglückten

erwartet hatte, da war es, als ob ihm das Herz zerspringen
müsse vor bitterem Weh, und wie man ihm endlich anzeigte, daß
er seine Wacht zur Koje habe und ausruhen dürfe, da warf er
sich auf sein enges, dumpfiges Lager, und das Antlitz in seinem
Tuch bergend, schluchzte er still und heimlich seinen Schmerz aus.
    Wilde Gedanken durchzuckten ihm dabei das Hirn — Ge=
danken an Selbstmord und Tod. — Wie konnte er leben — leben
getrennt von der, an der seine ganze Seele, an der jede Faser
seines Herzens hing — aber die Hoffnung! Ohne die Hoffnung
würde die Hälfte der Menschheit zu Selbstmördern werden, und
die allein hielt ihn aufrecht. Er war ein ausgezeichneter Schwim=
mer — wie leicht konnten sie ein anderes Schiff unterwegs
treffen, das der Heimath entgegensegelte, oder sie berührten wieder
Land oder kamen auch nur in die Nähe desselben — oder er
bekam Gelegenheit, mit einem der Boote zu entfliehen — tausend
wirre, oft unmögliche Ideen jagten einander, bis er endlich in
einen unruhigen, von wilden Träumen gestörten Schlaf fiel. —
Das war seine Hochzeitsnacht: armer George!

Auf dem Wallfischfang.

    Der nächste Tag brach an und ein Tag folgte dem andern,
ohne daß sich auch nur das Geringste in seiner Lage geändert
hätte. George war kein Seemann, aber nach dem Kurs, den
sie steuerten, sah er doch recht gut, daß sie, während sie nach
Süden hinunter hielten, immer im weiten offenen Meer blieben
und nach dieser Richtung hin kein Land erreichen konnten.
Einzelne Segel sahen sie allerdings dann und wann, aber nur
in weiter Ferne, also jede Möglichkeit des Entrinnens ausge=
schlossen, und wie sollte er, im offenen Boot allein, die ferne
Küste erreichen, selbst den Fall angenommen, daß er ein Boot

hätte auf das Waſſer niederlaſſen und mit Segel verſehen können. Er war ein Gefangener und Wochen vergingen nach Wochen, während ihn das Fahrzeug weiter und weiter der Heimath ent- führte.

Und immer heißer brannte die Sonne auf ihre Köpfe nieder — ſie näherten ſich der Linie und lange Tage ſchaukelte das Fahr- zeug unter völliger Windſtille in der drückend ſchwülen Luft. Mit den neuen Matroſen an Bord wurde die Tropfentaufe vorge- nommen — rohe Scherze, denen ſich keiner der Neulinge entziehen durfte; dann ſetzte wieder eine friſche Briſe ein und wieder ver- gingen lange Wochen, wie jetzt Monate vergangen waren, und gegen eine kühlere Südbriſe kreuzten ſie an.

„Land!" Der Mann im Ausguck oder Top, der dort jetzt regelmäßig gehalten wurde, um nach Fiſchen auszuſchauen, rief es von oben an. Einer der Leute — es war der Koch an Bord — meinte,. es müßte die Inſel Santa Catharina ſein, und er hatte ſich darin auch wohl nicht geirrt.

Weit ab aber blieb die hohe bewaldete Küſte, denn es wehte ein heftiger Wind und das Fahrzeug getraute ſich nicht in die Nähe des Landes, zu der es auch kein weiteres Bedürfniß drängte. Nur zum Fiſchfang waren ſie ausgezogen, und in der jetzt zu rauhen See hätten ſie doch nicht wagen dürfen, ſelbſt nur die Boote auszuſetzen.

George hatte indeſſen noch verſchiedene Verſuche gemacht, mit dem Kapitän, und als das nicht anging, mit dem erſten Harpunier, als dem Zweiten an Bord, zu ſprechen — aber es half ihm nichts. Wer er auch ſein mochte — ſagte ihm dieſer — er war von einem Schlafbaas, der den Schiffen die Mann- ſchaft lieferte, an Bord geſchafft und „gedungen" worden. Der Baas hatte das Geld für ihn, und er ſelber ſpäter eine Anzahl von Kleidern und Wäſche bekommen — das mußte er erſt vor allen Dingen abverdienen und von einer Rückzahlung in New-York konnte gar keine Rede ſein. Wenn das anging, ſo hätte ſich am Ende Jeder an Bord für eines reichen Mannes einzigen Sohn ausgegeben, und auf einem Fahrzeug, wo der ganze Gewinn nur gemeinschaftlich — wenn auch nach verschiedenen Raten — vertheilt würde, dürfte sich schon der Einzelne nicht ausschließen, oder er gefährdete dadurch den Gewinn Aller.

George gab sich dabei ernstliche Mühe, mit seinen Kameraden an Bord in Frieden zu leben, und leicht wurde ihm das wahrlich nicht gemacht, denn es war rohes und aus allen Schichten der Gesellschaft zusammengewürfeltes Volk. Konnten sie doch auch an Bord eines Wallfischfängers eben Alles brauchen, was vorkam, und mußten es sogar nehmen, wo sie es bekamen, denn wirkliche und anständige Matrosen hüten sich wohl, in einem solchen Geschäft zu fahren. Abenteuerliches Volk war deshalb da zusammengewürfelt, eine bunte Gesellschaft von allen nur erdenklichen Charakteren, wie sie kaum irgendwo in der weiten Welt ein so enger Raum wieder vereinigen möchte.

Die Offiziere, Harpuniere und Bootsteuerer blieben davon allerdings ausgenommen, denn diese folgten ihrem Beruf; Schmied, Böttcher und Zimmermann gehörten ebenfalls ihrem Handwerk an, und sechs oder acht der übrigen Mannschaft konnten als wirkliche Matrosen gelten. Außerdem aber hatte man mit George an dem nämlichen Abend noch etwa ein Dutzend Burschen eingeliefert bekommen, die wohl nie in ihrem Leben vorher ein Segelschiff von innen gesehen, außer möglicherweise als Passagiere auf der Ueberfahrt. Ein halb Dutzend Irländer, die man trunken auf der Straße aufgelesen, ein paar Deutsche, die, der englischen Sprache noch nicht mächtig, in die ihnen von einem gefälligen Landsmann gelegte Schlinge reichen Verdienstes gegangen waren, ein Dutzend Neger von jeder Schattirung, junge Kaufleute und Handwerker und was Alles sonst. Klang es doch in den Ohren Vieler außerordentlich verlockend, daß das Fahrzeug nur etwa ein Jahr oder so zwischen den herrlichen Inseln der Südsee herumfahren und dabei Fische fangen solle, und daß sie ihren Theil des Gewinnstes davon abbekämen. Wie wenig dabei für den gewöhnlichen Matrosen übrig bleibt, davon hatten sie natürlich keine Ahnung — und ebensowenig, welch' schwerer Arbeit und Zeit sie dabei entgegengingen und wie sie bald von Hitze, bald von Kälte zu leiden haben würden. Mit keiner besonders lohnenden Beschäftigung gerade lockte sie das abenteuerliche Leben an — sie wollten, wie sie meinten, einmal „die Welt sehen", und daß ein Wallfischfänger dafür der unglücklichste Platz ist, konnten sie sich ja nicht denken.

George hielt sich von allen Diesen so fern als irgend möglich und sprach, in der ersten Zeit besonders — fast mit Niemandem. Er that seine Arbeit, ja, um sich keinen Rohheiten auszusetzen, konnte aber sonst, wenn er die „Wacht zur Koje" oder Ruhezeit hatte, Stunden lang vorn am Bug des Fahrzeugs sitzen und in die weite öde See hinausstarren. Oh wie schwer war ihm dabei das Herz — wie furchtbar schwer — und während er im Geist bei der Geliebten weilte, die daheim um ihn trauerte, erfaßte ihn selber ein unsagbares Weh und er hätte vergehen mögen in Gram und Kummer.

Ein paar der Leute, die den Gefühlen eines Kameraden an Bord eines Wallfischfängers wahrlich keine Rechnung trugen, wollten ihn seines ewigen Brütens wegen necken, und so lange sie das nur mit Worten thaten, ließ er sie ruhig gewähren und achtete ihrer nicht; als sich Einer von ihnen aber — ein rauflustiger Ire, der sich über den schweigsamen und stillen Menschen ärgerte — einmal an ihm vergriff, indem er ihn aus dem Wege stieß, zerschlug ihn George, der die Kunst der Selbstvertheidigung aus dem Grunde verstand, dermaßen, daß er ihm von da an nie wieder zu nahe kam, und dadurch hatte er sich zugleich auch bei der übrigen Mannschaft in Respekt gesetzt. Der Ire war bis dahin der sogenannte bully des Schiffs gewesen, der im Vorcastle dominirte und keinen Widerspruch duldete. Dadurch aber, daß ihn der wohl nicht so starke, aber dafür so viel gelenkere junge Mann vollständig warf und besiegte, verlor jener das nur durch seine Fäuste behauptete Uebergewicht, und an

George selber wagte sich Keiner wieder — wie er selber auch
Keinem Ursache gab, sich über ihn zu beklagen.

Trotzdem konnten ihn Viele an Bord nicht leiden, weil er
ihnen zu vornehm und „stolz" erschien und nie auf ihre meist
rohen Späße einging. Der Zimmermann besonders, der als eine
Art von Offizier des Vorkastells auf allen Schiffen gilt, haßte
ihn, und deshalb gerade nahm wohl manchmal der Böttcher, der
den Zimmermann wieder nicht leiden konnte, seine Partei, ohne
sich aber auch weiter mit ihm einzulassen, denn als „Böttcher"
durfte er natürlich seiner Würde, einem gemeinen Matrosen
gegenüber, nichts vergeben.

Der Einzige nur an Bord, der wirklich eine Zuneigung zu
ihm gefaßt zu haben schien, — wenn auch allein aus eigennützigen
Gründen — war der Koch, ein wunderlicher und eigentlich für
einen Koch recht schmieriger Patron. An Bord natürlich wurde
er immer Doktor genannt, mußte aber früher jedenfalls bessere
Zeiten gesehen haben und war, wie sich später herausstellte, auch
nur durch den Trunk so heruntergekommen. George aber hatte
seit jenem Abend, der ihn unglücklich gemacht und in diese furchtbare Lage gebracht, das Trinken, ja selbst den mäßigen Genuß
des Branntweins vollständig abgeschworen, und da er seine ihm
zukommende Ration an Grog, d. h. Rum und Wasser, regelmäßig
dem Koch überließ, so gewann er dadurch — ohne anfangs freilich das geringste Gewicht darauf zu legen — dessen Freund-
schaft.

Wenn er manchmal Nachts seine Wacht als Ausguck vorn
auf der Back hatte, oder auch in seiner Ruhezeit dort saß und
vor sich hinbrütend in die See hinausstarrte, dann kam der Koch
auch dorthin, setzte sich neben ihn und suchte — anfangs freilich
lange vergebens — ein Gespräch mit ihm anzuknüpfen, denn
Georg liebte es nicht, in seinen Träumen gestört zu werden.
War es doch auch die einzige Zeit, in der er sich der Erinnerung
an das Verlorene voll und ganz hingeben konnte. Er ließ deshalb den Koch auch ruhig die Unterhaltung allein führen, bis er

einmal zufällig ausfand, daß der Mann mehr von der Seemanns-
kunst verstand, als man hinter einem Koch hätte suchen sollen.
Was hatte er sich selber früher um die Sterne bekümmert,
die vom Himmel niederleuchteten! — Sein einziger Stern auf
Erden war nur allein seine Jenny gewesen, und überhaupt etwas
schwärmerischer, träumerischer Natur liebte er wohl den Monden-
schein und die blitzenden Gestirne, aber frug nie nach ihrem Lauf
und Stand.

Der alte Koch wußte desto besseren Bescheid darin. Er
zeigte ihm zuerst das südliche Kreuz, das über ihnen jetzt schon hoch
am Himmel stand, und George fand bald heraus, daß er nach
der Stellung und Höhe desselben ziemlich genau wenigstens den
Breitengrad anzugeben wußte, auf dem sie sich befanden. Der
Kapitän nämlich theilte der Mannschaft nie seine täglich genommene Observation mit, und die Sache wurde sonderbarerweise
immer als Geheimniß behandelt.

Die Längengrade konnte der Koch ohne Chronometer und
Instrumente natürlich nicht angeben, und es war deßhalb unmöglich, zu bestimmen, wie weit sie sich von der amerikanischen
Küste befanden, aber selbst die Breite blieb doch gewissermaßen
ein Anhaltspunkt, und dieser nach mußten sie sich jetzt etwa, wie
der Koch meinte, auf der Höhe der Falklands-Inseln befinden.
Es war auch möglich, daß der Kapitän dort anlandete und sich
überhaupt eine Zeitlang in deren Nähe aufhielt, denn es gab
dort herum zu manchen Jahreszeiten ziemlich viel Wallfische, und
einzelne Fahrzeuge hatten schon guten Fang gemacht.

George hatte denn auch schon von dem Koch, wie er sich
nur erst einmal in ein Gespräch mit ihm einließ, bald erfahren,
daß er selber früher wirklicher Seemann und sogar Kapitän gewesen sei. Durch Unglück aber war er heruntergekommen —
sein Schiff scheiterte in einem Sturm an einer der Molukken,
der Steuermann, der selber gern Kapitän werden wollte, ver-
leumdete ihn später bei dem Rheder, einem New-Yorker Hand-
lungshaus, Baring, Simms und Co. — er bekam, nach Hause

4*

zurückgekehrt, kein Schiff wieder und mußte auf's Neue als
Steuermann fahren. Dadurch aber erbittert ergab er sich —
wie er ganz offen eingestand — derart dem Trunk, daß er mehr
und mehr herunterkam, bis er es jetzt endlich zum Koch auf
einem Wallfischfänger gebracht hatte — „ein so elendes Brod,“
wie er hinzufügte, „wie es sich ein Mensch wohl auf des lieben
Herrgotts Wasser nur wünschen könne.“

Baring, Simms und Co. — wunderlicher Zufall, wie er
manchmal die Menschen auf der Welt zusammenwürfelt: das
war die alte Firma von seines Vaters jetzigem Geschäft, und
George gab es einen ordentlichen Stich durch's Herz, als er die
bekannten Namen nennen hörte.

Baring, Simms u. Co., und er, der Theilhaber der Firma,
eines der geachtetsten Geschäfte New-Yorks, befand sich als ge-
meiner Matrose an Bord eines Wallfischfängers und schwamm
— Allem entführt, was ein Mensch nur auf dieser Welt erstreben
kann — der Südsee entgegen. — Im ersten Augenblicke drängte
es ihn auch, den Koch zu seinem Vertrauten zu machen — aber
war nicht der gerade von der Firma vielleicht ungerecht behandelt und dadurch das geworden, was er jetzt war: ein Diener,
wo er früher als Herr befehlen durfte? und mußte er nicht
fürchten, auch dessen Haß dadurch auf sich zu ziehen? Es war
besser, er schwieg, — was hätte ihm der Koch auch nützen —
höchstens ihm das traurige Leben an Bord noch mehr verbittern
können.

Dort in der Nachbarschaft der Inseln, die sie aber gar nicht
in Sicht bekamen, fing die Betsy Crow ihren ersten Wall und
ein ganz neues reges Leben kam dadurch an Bord.

Schon als die Fische zuerst gesichtet wurden, war es als ob
die sonst so schläfrige Mannschaft, die im gewohnten Schlendrian
nur ihre Arbeit that, elektrisirt worden wäre. Der Kapitän, der
den ganzen Tag unten in seiner Kajüte auf dem Sopha lag und
las, warf das Buch rücksichtslos in die Ecke und sprang an Deck,
die Bootssteuerer mit ihrer Mannschaft flogen dabei nach den

Booten, die kleinen, für diese bestimmten Wasserfässer wurden gefüllt, der Kübel mit dem Lauftau vorn hineingehoben. Harpunen und Lanzen mit dem kleinen Kappbeil und Messer vorn lagen ebenfalls schon bereit, und die Mannschaft der verschiedenen Boote stand, des Befehls zum Niederlassen gewärtig, auf ihren Posten.

George war dem Boot des dritten Harpuniers, Mr. Holk, in dem sich Bill als Bootssteuerer befand, zugetheilt worden, und mit dem Ruder, von seinen Regattafahrten in der Bai her, vollkommen vertraut, fühlte er sich dabei sicher genug. Nicht so freilich die ganze übrige Mannschaft. Viele gab es allerdings dabei, die mit ihren Riemen (Ruder) vortrefflich umzugehen wußten; eine Menge frisches Volk war aber auch in New-York aufgelesen, die kaum einen Begriff davon hatten, was sie mit einem Riemen sollten, und die Nachlässigkeit, daß man in der letzten Windstille keine Uebungsfahrten mit ihnen angestellt, strafte sich jetzt schwer.

Zu jedem Boot gehörten sechs Mann: der Harpunier, der den Oberbefehl führt und das Boot an den Wallfisch hinanzubringen hat, während der sogenannte Bootsteuerer vorderhand nach vorn mit der Harpune steht und an den Fisch durch einen kräftigen Wurf festzukommen sucht, und außerdem vier Matrosen als Ruderer. Es hängt dabei nicht so viel davon ab, wohin der Bootsteuerer den Fisch mit der Harpune gerade trifft, wenn sie ihm nur durch den Speck geht und da einhakt, damit der also gefangene, aber noch lange nicht tödtlich verwundete Wal das Boot an der langen, rasch ausgeschossenen Leine nachschleppt. Dann aber kommt der Hauptmoment. Der beste Matrose im Boot, der vorn das Bugruder führt, wirft seinen Riemen ein und tritt zu dem jetzt mit Blitzesschnelle ausschießenden Tau, an dem der Fisch hängt, um dieses „klar" zu halten, denn verwickelte es sich und ginge der Fisch in die Tiefe, so bliebe nichts übrig, als es mit dem danebenstehenden und haarscharfen Beil zu kappen (abzuhauen), das Ungethüm würde sonst das ganze

Boot in die Tiefe reißen. Zu gleicher Zeit aber springt der
Bootsteuerer nach hinten, um seinen Platz jetzt am Steuerriemen
einzunehmen, während sich der Harpunier über die auf den Bän-
ken sitzenden Ruderer hinwegwirft, um als „Matador" mit seiner
langen scharfen Lanze*) dem Fisch, sobald sie ihn wieder erreichen können, den Todesstoß zu geben.

Die Matrosen selber haben allerdings im Boot weiter nichts
zu thun, als zu rudern, falls sie nicht mit dem Wind an den
Fisch anlaufen können. Hat der Harpunier aber dem verfolgten
Thier den Todesstoß gegeben, dann liegt eigentlich die Sicherheit des ganzen Bootes in ihrer Hand, inwiefern sie nämlich
den von dem Harpunier gegebenen Befehlen rasch und zu gleicher Zeit gewandt nachkommen, um ihr schwankendes Fahrzeug aus
dem Bereich des jetzt wild um sich her schlagenden Walls zu
treiben. Eine falsche Bewegung mit dem Riemen, ja nur ein
verkehrtes Einschlagen kann Alle verderben, denn trifft der Wall
beim Umherschlagen nur mit der äußersten Schwanzspitze das
Boot, so schlägt er es auch sicher in Trümmer, und sind dann
nicht andere Boote unmittelbar zur Hand, so ertrinkt die Bootsmannschaft entweder oder fällt den sich dort zahlreich umher-
treibenden Haifischen zur Beute.

Der Moment, in dem die Boote endlich von Bord abstießen
und mit geblähten Segeln der Jagd folgten, war der erste in
Georg's Leben, seit er auf so entsetzliche Weise seiner Heimath,
seinem Glück entführt worden, wo er, was er verloren, vergaß
und sich ganz in die Aufregung und Lust des Augenblicks hinein-

---

*) Die Lanze an Bord eines Wallfischfängers unterscheidet sich von der
eigentlichen Harpune nur dadurch, daß sie keine Widerhaken hat und um ein
Geringes länger und leichter ist. Sonst sitzt sie aber auch mit einer Hülse auf
einem kurzen Stiel und wird nach dem Wurf zurückgezogen. Der Fleck, wohin
man den Wallfisch treffen muß, damit er sich verblute, ist etwa so groß wie ein
gewöhnlicher Teller und sitzt hinter den beiden Seitenflossen. Hat der Fisch
erst einmal dahin einen glücklichen Wurf bekommen, so bläst er Blut und
Wasser aus und ist dann bald vollkommen machtlos.

arbeitete. Dort braußen in See bliesen die mächtigen Fische, keine Gefahr ahnend oder fürchtend, den sprudelnden Wasserstrahl hoch in die Luft hinein, das wackere Boot schäumte dem Kampfe rüstig entgegen, und vorn im Bug, die Harpune schon krampf= haft gefaßt, stand der Bootsteuerer und hing mit den Blicken sehnsüchtig an den noch zu entfernt aufsteigenden Strahlen. War es doch Ehrensache unter den Seeleuten, welches Boot zuerst an einen Fisch festkam, und dadurch ja auch einen bedeutenden Ge= winn für die ganze Mannschaft sicherte.

Die Riemen waren dabei eingezogen, denn man kam ja mit den Segeln viel rascher und auch geräuschloser vorwärts, aber sie lagen trotzdem bereit, um im Augenblick gebraucht zu werden, wenn sich eine Nothwendigkeit zeigen sollte: wenn z. B. die Fische plötzlich ihren Kurs änderten und gegen den Wind aufgingen, und wie häufig kommt dies gerade vor.

Zwischen dem ersten und zweiten Harpunier herrschte ein besonderer Wettstreit; beide führten gleich große Segel und hatten auch schon einen tüchtigen Vorsprung vor den Booten des dritten und vierten Harpuniers gewonnen, als die jetzt gar nicht mehr so weit entfernten Fische plötzlich verschwunden schienen, denn kein einziger Strahl ließ sich mehr erkennen.

Die Boote liefen allerdings noch eine Strecke in der einmal genommenen Richtung weiter, um wenigstens mit den Fischen aufzukommen, wenn diese, wie das oft geschieht, nur einfach untergetaucht waren, um nach kurzer Zeit an die Oberfläche zurückzukehren. Da wurde links, in geringer Entfernung voraus, wieder der erste Strahl sichtbar, dem augenblicklich auch die bei= den ersten Harpunier mit ihren Booten folgten. Ihnen schloß sich der vierte an, und nur Holk hatte mehr Vertrauen zu der ursprünglichen Richtung und beschloß, seinen Kurs, wenn auch mit verkürztem Segel, noch für einige Zeit beizubehalten. Mög= lich, daß er dort die übrigen Fische traf, oder die ersten kehrten auch wieder in die alte Bahn zurück und er behielt dann den Vorsprung vor den andern Booten.

So glitt das Boot nicht mehr so rasch durch die langsam schwellenden Wogen, bis endlich der Harpunier befahl, das Segel niederzulassen und das Wiederauffommen der Fische zu erwarten, denn sie durften sich nicht zu weit von der Stelle entfernen. Der Harpunier hielt dabei das schlanke Boot noch immer in der nämlichen Richtung, und ebenso hafteten die Blicke der Mannschaft erwartungsvoll voraus, als plötzlich dicht hinter ihnen und kaum fünfzig Schritte entfernt der scharf zischende Strahl eines Wall laut wurde und sich Alle erschreckt dorthin wandten. Selbst die Leute aber, die noch nie in ihrem Leben einen Wall gesehen, erkannten im Nu, daß er direkt auf sie zukam, und: „Auf mit dem Segel! zu euren Riemen, ihr Leute!" schrie der Steuernde, während er selber das Fahrzeug auf die Seite warf.

Der Bootsteuerer, der noch immer vorn mit der Harpune stand, wollte in dem ersten Gefühl der Gefahr nach dem Segel springen, aber er durfte jetzt seine Waffe nicht aus der Hand legen, wo ihn ja die nächste Minute schon in Wurfsnähe bringen mußte. Einer der Leute griff nach dem Segel, aber er wußte nicht damit umzugehen, riß an der falschen Leine und brachte dadurch das ganze Takelwerk in Verwirrung, die Anderen griffen nach ihren Riemen und fingen an aus Leibeskräften zu rudern.

„Back your oars starbord!" schrie der Harpunier. — Du lieber Gott, die grünen Burschen wußten weder, was back your oars, noch was starbord bedeutete, und legten sich nur so viel schärfer in die Riemen, als George, der die Gefahr sah, zusprang, sie zurückriß und dann mit seinem eigenen Ruder mit voller Gewalt arbeitete. In demselben Moment kam der riesige Fisch, der die kurze Strecke unter Wasser dahingeschossen war, wieder nach oben — dicht am Boot, und dieses war durch Georg's Bemühungen eben nur so weit herumgeworfen worden, daß er gerade dicht daran hin passiren konnte, ja es fast noch streifte.

„Hab' Acht, Bill!" schrie der Harpunier dem Bootsteuerer zu, denn der tollkühne junge Bursche stand, die Gefahr auch nicht

mit einem Gedanken achtend und die zum Wurf erhobene Harpune in der Hand, vorn bereit, „wir sind zu nah und verloren,
wenn er uns trifft."

Bill antwortete gar nicht — er ließ den Fisch etwa um
seine halbe Länge unmittelbar am Boot vorübergleiten und stieß
ihm dann, weit mehr als er sie warf, die Harpune dermaßen
und zwar gerade an der töblichen Stelle hinter die Finne hinein, daß der getroffene Wall schon im nächsten Moment in dem
ausgeworfenen Wasserstrahl Blut zeigte und dabei wüthend mit
dem Schwanze um sich schlug.

Glücklicherweise war aber das Boot zu nah zu ihm, als
daß er ihm hätte Schaden thun können, und da George jetzt
auch, indeß die andern Beiden wieder rudern mußten, nach dem
Segel sprang, das Tau entwirrte und rasch setzte, so faßte im
Nu der Wind hinein, und der Bootsteuerer, der jetzt auf seinen
Platz zurückglitt, griff den Steuerriemen auf und brachte es bald
außer Gefahrs-Bereich.

Der Harpunier stand schon lange wieder vorn neben seiner
Lanze und sein Arm zeigte die Richtung, die der Bug zu nehmen
hatte, aber es blieb ihm kaum noch etwas zu thun übrig, als
eben nur das Auslaufen des Taues zu reguliren und dadurch
eine andere Gefahr abzuwenden. Der Bootsteuerer hatte den
mächtigen Fisch mit seiner Harpune schon so vorzüglich getroffen,
daß er den dicken Blutstrom ausblies und nicht einmal lange
seinen Lauf fortsetzen konnte; die Leine schlaffte und mußte an-
geholt werden — näher und näher kamen sie hinan, und etwa
eine Viertelstunde später lag der Koloß regungslos auf dem
Wasser — eine Beute der Sieger.

Jetzt erst blieb der Bootsmannschaft Zeit, sich nach dem
Schiff und den übrigen Booten umzusehen, denn bis dahin hatte
Keiner von Allen auch nur einen andern Gedanken gehabt, als
den Fisch zu sichern. Das Fahrzeug selber war ihnen aber, von
der Brise begünstigt, ziemlich dicht gefolgt und deutlich konnten
sie zugleich erkennen, daß noch eines der anderen, jetzt allerdings

weit entfernten Boote an einen Fisch festgekommen war und von
diesem in rasender Schnelle fortgezogen wurde. Später zeigte
es sich, daß es das des ersten Harpuniers gewesen, zu dem sich
das des vierten gesellte, um ihn zu unterstützen. Der zweite
hatte eine Jagd auf eigene Hand — aber ohne Erfolg — unter-
nommen und schloß sich jetzt dem ersteren wieder an, um den
noch ziemlich lebhaften Fisch zu sichern und eine zweite Harpune
anzubringen, was ihm dann auch, etwa eine halbe Stunde später,
glücklich gelang und es so dem ersten Harpunier möglich machte,
mit seinem Boot anzusegeln und der Beute den Todesstoß zu
geben.

An den vom dritten Harpunier gewonnenen Fisch legte sich
das Fahrzeug langseit, machte ihn fest und suchte dann mit der
Last an der Seite auch den anderen anzulaufen, den indessen die
übrigen drei Boote heranbugsirten, und jetzt begann, von ausnahmsweise ruhigem Wetter begünstigt, das Ausschneiden des
Blubbers (Specks) und Aufwinden desselben — und dann das
Einkochen.

Der Koch.

An der Aufregung der Jagd hatte George mit voller Seele
theilgenommen und sein eigenes Schicksal sogar in der kurzen
Zeit vergessen. Jetzt aber kehrte das Gefühl seines Elends in
verstärktem Maße zurück, denn tagelang lag das Fahrzeug auf
dem Wasser, nur allein mit seiner Arbeit beschäftigt, und Stunde
nach Stunde, Tag nach Tag verfloß, ohne daß die geringste
Aenderung eingetreten wäre.

Er selber wurde dabei zu der widerlichen Arbeit verdammt,
den Speck, wie ihn die Blubberhaken in Streifen heraufholten,
in Stücke zu hacken und in den Blubberraum zu werfen, dann
aber mit den Uebrigen die Kessel zu heizen und so rasch als möglich das gewonnene auszukochen. In dieser Breite war man

guten Wetters wie sicher und keine Minute ihrer Zeit durfte nutzlos vergeudet werden.

Daß er eigentlich durch sein rasches Handeln das ganze Boot gerettet hatte, als der Fisch so dicht hinter ihnen zum Vorschein kam, davon wurde an Bord gar nicht weiter gesprochen. Es war eine Sache, die sich von selber verstand, und nur als ihn der zweite Harpunier, dem ein Mann krank geworden, in sein Boot haben wollte, weigerte sich Mr. Holk, ihn herzugeben. Er brauchte ihn selber und sein Kamerad konnte sich einen Anderen suchen.

Die Betsy Crow hatte indessen kaum ihren Fang geborgen, aber noch nicht zur Hälfte ausgekocht und in Fässer gefüllt, als der Wind wieder mit vollen Backen zu wehen anfing. Vom Norboften herunter blies es mit aller Macht, und da der Kapitän eine so günstige Gelegenheit nicht versäumen wollte, das Cap zu doubliren, wurden die Segel wieder gesetzt, die Feuer unter den Kesseln ausgelöscht, und von einem halben Sturm getragen verfolgte das wackere Fahrzeug seinen Weg. — Und was für ein Aufenthalt jetzt an Bord! — Allerdings war die Luft kalt, und der im untern Raum liegende und noch nicht beseitigte Speck ging nicht so rasch in Verwesung über, wie unter der Linie, als aber etwa neun Tage vergangen waren, ohne daß sie hätten daran denken können, in solcher See die Feuer wieder zu entzünden, verbreitete sich in dem ganzen Raum ein wahrhaft peftilenzialischer Geruch, und selbst im Vorcastle konnten es die Leute kaum aushalten.

George hatte dabei noch immer gehofft, daß sie die Falklands-Inseln anlaufen würden, um dort, wie er meinte — ruhiger arbeiten zu können, aber er kannte noch nicht den Widerwillen, den nicht etwa Seeleute, sondern vorzugsweise Schiffskapitäne vor dem festen Land haben, weil sie dort sowohl beim Ein- als Auslaufen einer Menge von Gefahren und außerdem zahllosen Scheerereien von den dortigen Behörden ausgesetzt sind. Wo ein Kapitän nicht nothgedrungen muß, landet er gewiß nicht

freiwillig. Tonberk hält die offene See, und Wallfischfänger ins-
besondere, mit ihrer zusammengelesenen Mannschaft, wissen recht
gut, daß ein großer Theil ihrer Leute nur auf eine Gelegenheit
wartet, um sich dem Leben an Bord wieder durch die Flucht zu
entziehen, und sie mögen ihnen die eben nicht muthwillig bieten.
In einem fliegenden Sturm kreuzten sie das Cap Horn,
und eine See stand dort, daß an irgendwelche Arbeit an Bord
gar nicht zu denken war. Der viele noch nicht geborgene Wall-
fischspeck gefährdete sogar die Sicherheit des Fahrzeugs, indem
er von einer Seite zur andern schoß, und nur mit großer Mühe
gelang es endlich den Leuten, schon dazu gefertigte Seitenwände
einzuschieben, um ihn wenigstens in etwas zu wahren und auf
seiner Stelle zu halten.

George selber hätte dabei noch immer keine Ahnung gehabt,
wo sie sich eigentlich befanden, ja nach dem Kurs, den das Fahrzeug nahm, hoffte er schon, daß es die Küste anlaufen und vielleicht suchen würde, Monte-Bideo zu erreichen; der Koch aber
belehrte ihn bald eines Besseren. Sie hatten das südliche Kreuz
jetzt, wenn es im Zenith stand, gerade über Kopf und alles Land
des amerikanischen Kontinents voll im Norden, standen also im
Begriff, das eigentliche Cap zu doubliren, und wenige Tage
später würde ihr Kurs wieder nach Norden hinauf liegen.

Es war in der That so, und George, der bis dahin doch
noch trotz Allem gehofft hatte, schon im Atlantischen Ocean seine
Rettung zu ermöglichen, verbrütete die nächsten Tage in dumpfer
Verzweiflung.

Und wenn er nun wenigstens einen Brief nach Hause schrieb?
— wo aber fand er die Möglichkeit, ihn zu befördern? Allerdings sahen sie dann und wann einmal ein Segel am Horizont,
und zweimal passirten sie sogar gegen den Wind aufkreuzende
Fahrzeuge — aber Beide hielten dann nur eher etwas von ihrem
Kurs ab, um nicht in zu große und gefährliche Nähe zu gerathen;
an eine Annäherung bei der stürmischen See war natürlich kein
Gedanke.

Nichtsbestoweniger beschloß er, den Brief zu schreiben — der Zufall konnte ja einmal sein Spiel haben, und er wollte sich dann nicht bitteren Selbstvorwürfen aussetzen, die günstige Gelegenheit leichtsinnig versäumt zu haben. Der dritte Harpunier, der ihn seit der letzten Bootfahrt viel freundlicher behandelt hatte als früher, gestattete ihm auch dazu seine Kajüte und versprach ihm, die Zeilen bei der ersten Gelegenheit — die ihm natürlich eher geboten wurde als einem Matrosen — in einen Brief, den er selber nach Hause schrieb, einzulegen. — Weiter ließ sich vorderhand nichts thun, und die Betsy Crow verfolgte indessen ihren Weg nach Norden, jetzt von dem an dieser Küste stets wehenden Südwind begünstigt.

Der letzte Spool war unter der Zeit ausgekocht und geborgen und schon wieder ein neuer Fisch gefangen worden, und monoton genug verging das Leben an Bord. George that dabei seine Arbeit wie sie von ihm verlangt wurde, aber sein sonst so freies, offenes Wesen hatte einer düsteren Schwermuth Raum gegeben, die sich seiner mehr und mehr bemächtigte. Tag und Nacht stand das Bild der Geliebten vor seiner Seele, und Tag und Nacht wuchs die Sehnsucht nach ihr und drohte ihn zu verderben. Wilde Selbstmordgedanken, wenn er manchmal vorn am Bug saß und die See zu seinen Füßen aufschäumen sah, erfüllten dabei sein Herz, und nur die Erinnerung an seine Mutter — an die Eltern, hielt ihn noch davon zurück.

Der Koch, der sich noch oft zu ihm gesellte, schlug ihm allerdings das nämliche Mittel vor, dessen er sich selber bediente, um alles Vergangene auch zu vergessen: die Flasche, aber George wollte davon nichts hören, denn noch hatte er zu viel Selbstbewußtsein, um zu einer so verzweifelten, wie auch widerlichen Hilfe zu greifen. Der Koch selber konnte ihm dabei auch recht gut als abschreckendes Beispiel gelten.

Auf den ersten Blick sah man ihm an, daß er einst bessere Zeiten gekannt und in anderen Verhältnissen gelebt haben mußte, aber der Trunk hatte ihn verwahrlost und heruntergebracht, bis er zuletzt das geworden, was er jetzt wirklich war; ein ekelhafter, schmutziger Säufer, der manchmal von den Harpunieren wirklich gezwungen werden mußte, sich nur zu waschen, während er jede Nacht halbtrunken in seine Koje taumelte. Räthselhaft blieb es der Mannschaft dabei, wo er den Branntwein herbekam, denn anfangs standen ihm nur durch Georgs Entsagen auf das Getränk zwei Rationen zu Gebot, die ihn aber trotzdem nicht werfen konnten. Jetzt dagegen mußte er andere Mittel und Wege gefunden haben, um zu verbotenem Branntwein zu gelangen, und trotzdem daß man ihm aufpaßte, wie er es anfing, wußte er es doch so schlau einzurichten, daß er nie dabei erwischt wurde.

George machte ihm Vorstellungen. Wie konnte er hoffen, sich je wieder aus dem Schlamm, in dem er stak, emporzuarbeiten, wenn er jetzt vollkommen darin unterging. Wer würde ihm wieder ein Schiff anvertrauen, wenn er in dieser Gestalt an Land erschien? Der Koch schüttelte mit dem Kopf.

„J'm a gono sucker!" sagte er — „aus mir wird nichts wieder. Wenn einmal Einer erst unter den Füßen ist, trampeln die Anderen alle auf ihm herum, und wenn er auch wieder nach oben wollte — es geht nicht. Was hülf's, wenn ich solid leben wollte — glaubst Du, George, daß sich noch ein Rheder in ganz New-York mit mir einließe? Nie."

„Und könnt Ihr das Trinken überhaupt nicht mehr lassen?"

„Könnt' ich?" sagte der Koch verächtlich — „ich kann Alles, was ich will, aber ich will nicht, denn ich sehe keinen Grund dafür. Das weiß ich freilich — hätt' ich wieder ein Schiff, so dürfte mir kein Tropfen Rum an Bord und die Leute bekämen nur, wie das schon auf vielen Fahrzeugen Gebrauch ist, heißen und guten Kaffee, aber da ich nur Koch bin und auch aller Wahrscheinlichkeit nach bleiben werde, bis mir einmal der Hals voll Wasser läuft, halt' ich mich an das Unmittelbare — an den Branntwein und — hol' der Teufel die Gedanken, sie machen doch nur einen Menschen verrückt."

„Wie heißt Ihr mit Eurem wirklichen Namen — wie hieß Euer Schiff?"

„Und weshalb brauchst Du das zu wissen?" lachte er endlich heiser in sich hinein — „hier an Bord heiß' ich der Doktor,
und wie mein Schiff hieß? verdamm' es, und wenn's der flie-
gende Holländer gewesen wäre, aber der Name kommt nicht wieder über meine Lippen, denn wenn ich ihn ausspreche, bin ich
jedesmal drei Tage nachher krank und elend. Nenn' Du mich
Doktor, George, wie es das andere Lumpengesindel thut, und
kümmere Dich nicht um den Rest — der alte Kasten liegt am
Meeresgrund, und sein früherer Kapitän — bah, der ist Koch
an Bord der Betsy Crow und schwimmt hinter schmierigen Wall-
fischen her — hol' ihn der Teufel!"

Mit dem Burschen war nichts weiter anzufangen; er hatte
heute schon wieder den Grund gelegt, und als er gleich darauf
in seine Kambüse ging — die Küche an Bord und ein ziemlich
niederer Kasten, der an Deck stand und oben ein viereckig aus-
geschnittenes Loch als Luftzug hatte — sah George bald darauf,
wie sich der Boden einer Flasche aus dem Loch emporhob, ein
paar Sekunden in der Luft stehen blieb und dann verschwand.
Es war der Koch, der in dem niedern Gestell nicht Raum hatte,
wenn er im Stehen aus der Flasche trinken wollte, und deßhalb
die schon fast geleerte Flasche durch die Oeffnung hinaus und
hoch heben mußte, um den Inhalt herauszubekommen.

Noch drei Fische fingen sie in der Südsee, und Georg's
einzige Hoffnung war dabei Valparaiso gewesen, dessen Breite
sie, nach des Kochs Aussage, fast erreicht. Da änderte eines
Tages das Schiff plötzlich seinen Kurs und steuerte fast in gera-
der Richtung nach Osten zu. George aber, der fast jede Hoffnung aufgegeben, achtete gar nicht darauf, hatten sie nun doch
schon fast sechs Monate lang bald da, bald dort hinüber gekreuzt,
wenn es dem Kapitän gerade einfiel, da oder dort Fische zu vermuthen, denn auf ihren Jagdgründen befanden sich sich ja
überall.

Die Sonne war hinter ihnen im Meer versunken — vor ihnen lag eine graue Dunstschicht auf dem Wasser, und nur — auch noch voraus aber hoch nach links hinauf, lag eine wunderliche, bleiche Rosafärbung wie in einem schmalen, seltsam gezackten Streifen über dem Horizont.

George hatte den Ausguck gerade vorn auf der Back bekommen, und während sein Blick dort, mechanisch fast, über den weiten Horizont schweifte, flog er doch immer wieder zu jenem röthlichen Schimmer zurück, den er sich in dieser sonderbaren und unbeweglichen Form gar nicht erklären konnte. Da trat der Koch zu ihm auf die Back, und seine breite Hand auf die Schulter des jungen Mannes legend, sagte er, indem er mit dem andern Arm nach dem Rosastreifen hinüber deutete:

„Und weißt Du, was das da hinten — gerade jetzt im Nordost von uns, in den Wolken ist, George?"

George schüttelte mit dem Kopf. „Ich hab' es mir wieder und wieder angesehen," sagte er, „aber ich kann mich nicht hineinfinden. Wie Wolken sieht es aus, aber schon seit mehr als zehn Minuten zeigt es keine Veränderung, und wie noch die Sonne über dem Horizont stand, färbte es sich schon wie es jetzt noch steht."

„Das sind die Cordilleren," nickte der Alte, „und zwar der Tucunjabo mit seinem schroffen Gipfel."

„Die Cordilleren?" rief George, rasch nach ihm herumfahrend.

„Ahem," nickte der Koch — „kenne sie gut genug und bin hier schon oft als Steuermann vorübergesegelt, wo sie ebenso erglühten.

„So halten wir auf Valparaiso zu?" rief George, der kaum im Stande war seine Aufregung zu bemeistern.

Der Koch schüttelte wieder. „Nein, wie die Berge jetzt liegen, haben wir Valparaiso noch viel weiter im Norden. Der Kapitän wird wohl eine kleine Havarie machen wollen."

„Eine Havarie?"

„Nun ja — gerade etwa gegenüber liegt uns der kleine niedliche Hafen Talcahuana, wo die Wallfischfänger gern einlaufen und ihren Rhedern nachher eine kleine Rechnung von zwei = oder dreitausend Dollars schicken, die sie wohl auch richtig im Hafen verbraucht — wenn auch nicht Alles für Stengen und Spars, wie's auf dem Papiere steht. — Lumpengesindel in dem Nest, das muß wahr sein, und hat schon manchem New=Yorker Haus einen hübschen Thaler Geld gekostet."

„Und dort werden wir landen?"

„Wir — landen? Nein, mein Junge," lachte der Koch, „damit ist's nichts, denn daß Dich der Alte nicht an Land läßt, darauf kannst Du Dich etwa verlassen. Im Gegentheil steht dann noch immer eine besondere Wache bei den Booten, und außerdem hält die Polizei in dem Nest — wenn sie sich auch sonst um Nichts bekümmert — ein haarscharfes Auge auf den Strand, um keinem Kapitän Anlaß zur Klage zu geben. Wenn sie einmal einen weggelaufenen Matrosen erwischen, so liefern sie ihn auch richtig wieder aus, oder stecken ihn wenigstens so lange bei, sobald das Schiff, zu dem er gehört, schon fort sein sollte, bis sie einmal einem andern Kapitän einen Gefallen thun können und ihm den Mann an Bord schaffen. Laß Dir's vergehen, durchzubrennen, denn damit ist's nichts, und Du hättest nachher nur erst recht die Hölle an Bord."

„Und wann glaubt Ihr, daß wir in Sicht von Land kommen können?"

„Jedenfalls morgen mit Tagesanbruch — wir müßten es jetzt schon sehen, wenn nicht der Duft da drüben auf dem Wasser läge. Morgen früh sind wir aber sicher dicht davor und werden die ganze Nacht Segel kürzen müssen, um nicht vor Tag schon auf den Strand zu rennen."

„Und der Hafen heißt Talcahuana?"

„Jedenfalls läuft unser Alter dort — wenn irgendwo an, denn eine größere Stadt, Concepcion, liegt wohl dicht dabei, wo aber für Wallfischfänger nichts zu machen ist. Ich möchte meinen

Hals verwetten, daß er, bei der Richtung, die er jetzt einhält, Talcahuana einen Besuch abstattet und dort auch vielleicht das gewonnene Oel ausschifft, um wieder ein freies Schiff und dadurch Aussicht 'für eine lohnendere Reise zu bekommen. Wir sind bis jetzt sehr glücklich gewesen, und natürlich hat der Alte nur um so viel mehr Vertrauen zu der weiteren Fahrt. Uebrigens kannst Du dort jedenfalls Deinen Brief an Land schicken, und wenn er mit dem Dampfer von Valparaiso nachher nach Panama geht, so muß er in vier Wochen in New-York sein."

„In vier Wochen! — George schlug das Herz stürmisch in der Brust, wenn er sich dachte, daß er ja dann auch selber in dem kurzen Zeitraum von vier Wochen die Vaterstadt wieder betreten und in Jenny's Arme eilen könne. Nur mußte er im Stande sein, hier seine Freiheit zu gewinnen. — Und sollte ihm das so schwer werden? — Trotzig biß er die Zähne aufeinander: schwer oder nicht, wenn der Anker erst einmal in Bereich des Landes in die Tiefe rollte, dann war er auch fest entschlossen, seine Freiheit wieder zu gewinnen — wehe dem, der sich ihm in den Weg stellte. Aber je weniger er jetzt davon sprach, desto besser — selbst der Koch konnte in der Trunkenheit schwatzen und durfte nichts von seinem beabsichtigten Fluchtversuch erfahren.

Vor Anker.

Der nächste Morgen brach an, und der alte Koch hatte in der That Recht gehabt. Halb am Wind segelten sie der Küste entgegen, die sich schon vor ihnen, mit ihren nur spärlich bewachsenen Hängen, deutlich vom Horizont abzeichnete — und näher und näher kamen sie hinan. Schon konnten sie die lichten Häuser am Land erkennen, die Schiffe, die zusammengedrängt im Hafen lagen, die einzelnen kleinen Boote, die herüber und hinüber schossen. Jetzt schallten die Kommandoworte, die einzelnen

Segel zu beschlagen, die schon gelöst im Winde flatterten, die
junge Mannschaft mußte nach oben, um das auszuführen —
jetzt rollte plötzlich der Anker in die Tiefe, und wie ein Messer=
stich traf der Laut Georg's Herz, denn er war sich bewußt, daß
ihn das Schiff nur todt, nie aber lebend wieder aus der Bai
hinausgeführt hätte.

Noch von oben aus sah er, wie das Boot des ersten Har=
puniers niedergelassen wurde, aber keiner der Matrosen, nur der
Zimmermann und drei der Bootsteuerer durften die Ruder führen
— der Kapitän saß selber am Steuer und mit den regelmäßigen
Schlägen glitt das scharfgebaute Boot bald der Hafenstadt ent=
gegen.

George schnürte es fast die Kehle zusammen, als er sich so,
fast in Arms=Bereich von Rettung sah, und das Herz schlug ihm
fieberhaft, als er sich die Möglichkeit dachte, doch vielleicht die
Erlaubniß zu bekommen, einen amerikanischen Konsul an Land
aufzusuchen. Er wollte den dritten Harpunier darum bitten,
denn dieser war in der letzten Zeit immer freundlich mit ihm
gewesen und befürwortete es sicher. Noch stand er unschlüssig,
was zu thun an Deck, als der Koch an ihn herantrat und leise
sagte:

„Höre, mein Junge, Du willst gerade einen dummen
Streich machen, wie?"

„Ich? nein," sagte George verlegen. „Nur den Harpunier
Mr. Holk wollte ich fragen, ob er —"

„Mich nicht vielleicht an Land ließe, wie?"

„Etwas Aehnliches — nur um den amerikanischen Konsul —"

„Ob ich's mir nicht gedacht habe," nickte der Koch — „und
wenn der nur erste eine Ahnung davon bekommt, läßt er Dich
die Zeit, die wir hier liegen, so ruhig in Eisen setzen wie nur
was. Glaubst Du, daß die Einem von uns auch nur die Länge
einer Planke trauen? — Dir aber besonders nicht, denn sie
wissen, daß man Dich wider Deinen Willen an Bord gebracht,
und haben die Geschichte jetzt nur für den Augenblick vergessen."

5*

Und wenn der Koch Recht hatte? — Lange genug schon
trieb der sich auf derartigen Fahrzeugen herum, um ihre Eigen-
thümlichkeiten zu kennen, und George durfte sich einer solchen
Gefahr nicht aussetzen. Wer wußte denn wohl, wann und wo
sie nun das erste Mal wieder Land erreichen würden, und daß
er hier im stillen Meer gar keine Hoffnung mehr hegen dürfe,
ein Schiff in See zu treffen und darauf seine Rettung zu ver-
suchen, davon hatte er sich jetzt selber überzeugt. Hier also hieß
es mit äußerster Vorsicht handeln und besonders die richtige Zeit
abwarten, ehe er irgend etwas Entscheidendes unternahm.

„Hallo Boys!" rief jetzt der erste Harpunier die auf Deck
befindlichen Leute an — „wollte Euch nur eine Warnung geben:
daß sich nämlich Keiner von Euch etwa beikommen läßt, hier in
der See zu baden. In der Bai giebt's heidenmäßig viel Haifische, und als ich das letzte Mal hier war, wurden uns zwei
von den Leuten fortgeholt. Nehmt Euch deshalb in Acht." Damit drehte er sich um und ging auf das Quarterdeck zurück, und
die Seeleute sahen sich untereinander an und lachten, denn sie
wußten gut genug, was eigentlich mit der Warnung gemeint
war: nämlich die Leute abzuschrecken, einen Fluchtversuch durch
Schwimmen zu wagen. Trotzdem erreichte sie aber doch im
Ganzen ihren Zweck, denn der Matrose, so tollkühn er auch in
jeder andern Hinsicht sein mag, fürchtet Nichts auf der Welt
mehr, als den Hai und haßt ihn dem entsprechend.

Indessen gingen die Arbeiten an Bord ruhig ihren Gang,
und während der Böttcher noch mit den letztgefüllten Fässern zu
thun hatte, um diese ordentlich nachzusehen und die Reifen etwas
mehr anzutreiben, mußten die übrigen Leute das Deck reinigen,
um das Schiff nur etwas wieder in Stand zu setzen, denn wirklich sauber bringt man einen Wallfischfänger doch nie im Leben.
George entging es dabei nicht, daß der vierte Harpunier und
Bill, der eine zurückgebliebene Bootsteuerer, die übrigen noch unter
den Krahnen hängenden Boote nicht allein doppelt befestigten,
sondern auch die Riemen und Harpunen herausnahmen, die auf

dem über Deck befindlichen Gestell, auf dem noch einige Reserve=
boote lagen, festgeschnürt wurden.

Es war keinem Zweifel unterworfen, daß das Alles nur
deshalb geschah, um irgend Jemanden an Bord zu verhindern,
ein zweites Boot auf das Wasser hinabzulassen und Mißbrauch
damit zu treiben; also man fürchtete doch, daß Einzelne der
Mannschaft einen Fluchtversuch, besonders in der Nacht, machen
könnten. Als diese endlich einbrach und der Kapitän mit seinem
Boot noch nicht wieder zurück war, überließ der erste Harpunier,
der jetzt den Oberbefehl an Bord hatte, auch nicht etwa die
Wacht den gewöhnlichen Matrosen, sondern die Harpuniere mit
den Bootsteuerern, Bootsmann und Böttcher, wechselten selber
darin ab, und zwar so, daß sich Einer von ihnen auf der Back,
der Andere aber auf dem Quarterdeck hielt und dadurch seinen
Theil des Decks vollkommen gut übersehen konnte. Es wäre
nicht möglich gewesen, unbemerkt ein Boot niederzubringen.

George hatte die erste Wacht an Deck, und obgleich ihm
Mr. Holk gesagt, daß er seinen Brief richtig besorgt habe, so
erfüllte ihn jetzt doch nur der eine Gedanke: Flucht. Ueber
sechs Monate waren vergangen, seit man ihn in so nichtswürdi=
ger Weise seiner Heimath entführt hatte, und ließ er diese Ge=
legenheit unbenutzt vorüber, die letzte vielleicht, wo er noch den
amerikanischen Kontinent gewinnen konnte, wer wußte dann, ob
nicht weitere Jahre zwischen jetzt und seiner Rettung lagen!

Vom Land funkelten schon die Lichter herüber und so nahe
lagen sie doch, daß sie sogar die von dorther tönende Musik ver=
nehmen konnten, die aus den zahllosen Tanzlokalen des kleinen
phrynischen Hafenplatzes erschallte. — Aber was jetzt? George
hatte die in der Bai herüber und hinüber kreuzenden Boote be=
obachtet, ob er vielleicht bei ein oder dem anderen Aufnahme
finden könne, — aber sie kamen nie dem Fahrzeug auch nur
mehr als in Rufs Nähe, und daß ihm da von den Offizieren
keine Zeit gelassen wurde, mit ihnen auch nur wenige Worte
zu wechseln, wußte er gut genug.

Verzweifelnd starrte er hinüber nach dem Land — so nah und doch so unerreichbar, und wieder und wieder drängte es ihn, sich in die Fluth hinabzustürzen und trotz allen Haifischen Rettung in einer so verzweifelten Flucht zu suchen.

Während er so, in seine trüben Gedanken vertieft, an den Bulwarks lehnte und hinab in die Tiefe starrte, fühlte er, wie Jemand dicht neben ihm Platz nahm, und als er den Kopf dorthin drehte, bemerkte er den Koch, der seine Arbeit beendet und sich ihm zugesellt hatte.

„Nun, George," sagte der Mann nach einer kleinen Pause, in der er den Blick ebenfalls auf die Lichter der nicht fernen kleinen Hafenstadt geheftet hatte, „wie wär's, wenn wir jetzt da drüben mit dem lustigen Volk herumtollten? — Verdammt langweiliges Leben an Bord, wie?"

„Mir ist nicht wie herumtollen, Doktor," sagte der junge Mann finster; „das Herz möchte mir brechen, wenn ich die Stelle vor mir sehe, von der aus ich zu meiner Familie zurückkehren könnte, und jetzt hier gezwungen bin, ein Gefangener zu bleiben, als ob ich ein Verbrechen begangen hätte — es ist zu furchtbar!"

„Aber wir haben bis jetzt eine gute Reise gehabt und tüchtig gefangen."

„Das Hundertfache meines Antheils," rief George heftig, „würde ich gern dem Schiff bezahlen, wenn ich frei wäre — frei wie das Boot, das dort hinüberschießt."

„Das Hundertfache, George?" sagte kopfschüttelnd der Koch — „das wäre viel Geld, und es möchte einem armen Matrosen schwer werden, das so auf einem Brett auszuzahlen."

„Und wie wenig wäre es doch für die Qual, die ich jetzt leide," seufzte der junge Mann, „wie freudig würde es mein Vater zahlen!"

„Hm — kannst Du schwimmen?" fragte der Koch nach einer Weile.

„Schwimmen? — gewiß!" rief George, ihn erstaunt ansehend — „aber die Haifische hier im Meer — "

Der Koch sagte eine ganze Weile gar nichts und sah nur
still und schweigend vor sich nieder, endlich flüsterte er:

„George, Du bist ein braver Junge, und gewissermaßen der
Einzige auf dem ganzen verbrannten Schiff, der Theil an mir
genommen hat. Eigentlich bin ich ein Esel, wenn ich Dir einen
guten Rath gebe, denn nachher sitze ich mit der andern Bande
wieder allein; aber ich kann's doch nicht über's Herz bringen. —
Hol's der Teufel, mach', daß Du fortkommst, denn ich glaube,
wir gehen morgen früh wieder in See."

„Wieder in See?" rief George erschreckt.

„Ahem!" nickte der Koch. „Zuerst glaubt' ich, der Kapitän
würde hier ein bischen Havarie machen, wie es hundert Andere
thun, und dann ein paar Wochen oder doch wenigstens acht Tage
da bleiben, aber die Anzeichen sind nicht danach — die Boote
bleiben fest — wir ankern hier fast weiter als nöthig ist in der
Bai, und die Papiere hat der Alte ebenfalls nicht mit an Land
genommen. Möglich, daß wir morgen noch eine Parthie Oel
verladen und ein paar Lichter*) füllen, aber das geht rasch, und
dann giebt's außerdem keine Zeit mehr, an irgend etwas Anderes
zu denken. Heute Abend aber ist noch Frieden und — wenn
Du meinem Rath folgst, so machst Du, daß Du fortkommst.

„Aber die Haifische — sind deren wirklich so viel?"

„Bah — Unsinn," brummte der Koch — „Haifische giebt's,
ja; aber überall sind sie auch nicht. Wer Glück hat, den fressen
sie nicht, und in der Bai hier sind sie außerdem verwünscht rar
— das war nur Geschwätz von dem Harpunier."

„Und Ihr glaubt, daß wir morgen segeln?"

„Ich glaub's fest."

„Aber wie will ich fort? Der Böttcher sitzt vorn auf der
Back, und bei dem geringsten Alarm, den er giebt, haben sie ein
Boot hinter mir her. Wie leicht können sie die Schnüre durch-
schneiden."

---

*) Lichter — kleine Fahrzeuge, die Fracht aus größeren Schiffen an Land
nehmen.

„Das würde ihnen allerdings verwünscht wenig Zeit neh=
men," lachte der Koch; „aber wenn man's klug anfängt, kann
man sie trotzdem leimen. Wenn ich fort wollte, ich käme fort."
„Also haltet Ihr es für möglich?"
„Gewiß thu' ich's, aber Courage gehört dazu —"
George's Augen blitzten. „Und wann glaubt Ihr, daß ich
fort soll?"

„Warte noch eine halbe Stunde," sagte der Koch vorsichtig,
indem er nach der See hinuntersah — „wir haben jetzt staut
Wasser*), in einer halben Stunde hat aber die Fluth wieder
voll eingesetzt und dann schwimmt sich's so viel leichter."
„Und der Böttcher?"
„Dem werd' ich indessen Arbeit geben — er hat jetzt die
Schlüssel zur Vorrathskammer und ich werde nothwendig 'was
brauchen. Paß' auf, sobald ich mit ihm in den Raum hinunter=
steige, dann geh' vorn an die Gallion, laß' dich vorsichtig hin=
unter, damit das Wasser nicht plätschert, und mach', daß Du
von dem Schiffe fort und in den Schatten der Brigg da drüben
kommst."
George faßte krampfhaft des Kochs Hand. — „Wie soll ich
Euch danken?"
„Pst —" sagte der Mann, indem er einen scheuen Blick
umherwarf — „vorsichtig, mein Junge. — Wenn wir uns wie=
der einmal in New=York treffen, traktirst Du, wie?"
„Habt Ihr ein kleines Blatt Papier hier?" sagte George,
der seine Hand zurückzog, denn er fühlte, daß der Mann Recht
hatte und sie kein Zeichen des Verständnisses geben dürften.
„Papier? Lächerlich — wie soll ich zu Papier kommen? —
weiter nichts als solches, worin die Flaschen manchmal eingewickelt
sind — was willst Du damit?"
„Ein paar Worte darauf schreiben."

---

*) Staut Wasser — die Zwischenzeit zwischen Ebbe und Fluth, wo die See
stillsteht und keine Strömung zeigt.

„Hm — die Missionsgesellschaft in New-York stopft uns immer das Vörcastle voll Gebetbücher — die haben weiße Blätter hinten; genügt so eins?"

„Vollkommen — und einen Bleistift?"

„Ich muß noch einen in meinem Kasten haben — will sehen, daß ich ihn finde — geh' derweile in die Kambüse — aber was soll's damit?"

„Holt mir nur den Bleistift — alles Andere nachher — und vergeßt das weiße Blatt nicht."

Der Koch ging und George schlenderte indessen langsam an Deck hin, der Kambüse zu, in welcher er schon manchmal, besonders bei rauhem Wetter, mit dem Koch gesessen hatte. Dieser kam endlich zurück, warf noch einen Blick vorher über Deck und sagte dann, indem er dem jungen Mann das Verlangte reichte: „So, da hast Du, was Du willst — ich werde jetzt hingehen und den Böttcher bei Seite schaffen — die Zeit mußt Du aber benutzen, sonst steh' ich Dir nachher für nichts."

„Wartet noch einen Augenblick, Koch," sagte der junge Mann, indem er das Dargereichte nahm und bei dem düsteren Licht der Küchenlampe ein paar Zeilen auf das Blatt schrieb — „hebt dies Papier gut auf, und wenn Ihr nach New-York kommt, so gebt es an die Adresse ab —"

„An wen ist's?"

„An Baring Simms u. Comp."

„An Baring Simms?" rief der Koch im äußersten Erstaunen — „und was hast Du an Baring Simms zu schreiben und woher kennst Du die?"

„Kümmert Euch nicht um das, sondern sobald Ihr an Land kommt, geht zu dem Haus und gebt den Zettel ab. Legt ihn indessen in Euer Buch zurück, damit er sich nicht verwischt und unleserlich wird, und jetzt goodbye Koch. Ich hoffe, wir treffen uns noch einmal im Leben und unter besseren Verhältnissen. Ich wag's mit Gott — schafft mir nur den Böttcher vom Leibe."

„Aber 's ist weit, mein Junge," sagte warnend der Koch

— „die Lichter sehen von hier freilich nah aus, man muß aber eine verdammte Strecke schwimmen, bis man hinkommt."

„Hat die Fluth eingesetzt?"

„Ja."

„Dann trägt mich die auch hinüber, denn ich schwimme wie ein Fisch und halte es stundenlang aus."

„Aber in den Kleidern."

„Meine Jacke nehme ich auf den Rücken und das See- wasser trägt ja vortrefflich. Wenn mir nur kein Hai unterwegs begegnet."

„Mußt gar nicht daran denken," brummte der Koch, und im schlimmsten Fall stopfst Du ihm Deine Jacke in den Rachen und rennst ihm Dein Messer in den Wanst. Nur kaltes Blut behalten, das ist die Hauptsache; die verdammten Haifische sind ja deshalb so gefährlich, weil sie immer kaltes Blut haben. Aber hab' keine Angst — Du kannst die ganze Nacht hier herum- schwimmen und würdest keinen antreffen — der Harpunier hat nur geflunkert, um Euch bange zu machen. Und jetzt paß' auf, sowie ich mit dem Böttcher nach hinten gehe, ist Deine Zeit. Wirf vorn eine von den Clüverfallen über, damit Du an die Ankerkette kommst, und an der rutsche langsam in's Wasser hinab, und kommst Du glücklich an Land, so laß Dich nicht von der Polizei erwischen und halte Dich in dem Nest gar nicht auf. Nördlich von hier liegt Concepcion im Land, drin findest Du überall deutsche Ansiedelungen, bei denen Du Dich versteckt halten kannst, bis das Schiff fort ist. — Hast Du Geld?"

„Nicht einen Cent," sagte George bitter. „Sie haben mich um Alles geplündert, selbst um meine Uhr, und nur einen kleinen Ring habe ich gerettet."

Der Koch griff in die Tasche. „Da, George," sagte er, in- dem er ihm ein Geldstück hinreichte, „heb' mir das auf, bis ich selber nach New-York komme, ich verkauf's sonst doch vorher. — Wenn ich denn doch noch einmal zu Baring Simms hinschicken muß — denn selber betret' ich das Haus mit keinem Fuß wieder, — so kannst Du's dort für mich deponiren."

„Das ist ein Goldstück, Koch!" rief George, der es in der Hand fühlte.

„Ahem," nickte dieser — „einer der besten Vögel in der Welt — ein Adler und überall gut für zehn Dollar."

„Wie soll's ich Euch danken, Koch," sagte George bewegt, „daß Ihr mir, einem vollkommenen Fremden, soviel Geld anvertraut. —"

„Bah," sagte der Koch, indem er eine unter der Bank versteckte Flasche vorholte — „was thu' ich jetzt auf dem Wallfisch-fang mit zehn Dollarn — lächerlich — aber hier, George, trink' einmal vor Deiner Schwimmparthie — das wird Dir gut thun und hält Dich im Wasser warm."

„Ich trinke keinen Branntwein mehr, Kamerad."

„Bah, bei einer solchen Gelegenheit," drängte aber der Koch, „ist's kein Branntwein mehr, sondern Medizin, und gegen Medizin hast Du doch wohl nichts einzuwenden — nimm einen tüchtigen Schluck, Du kannst ihn brauchen, hast ihn vielleicht noch nie im Leben so nothwendig gehabt wie gerade jetzt — laff' das den letzten sein."

Der Koch hatte Recht — die lange Schwimmparthie voraus — die Aufregung, in der er sich befand. Er setzte die Flasche an und that einen kräftigen Zug, daß der Koch selber „Bravo!" rief — „und nun fort, mein Junge," drängte er, „geh' Du jetzt vorn auf die Back und halte Dich bereit — das Schiff hat sich schon lange gedreht und es wird Niemand auf Dich Acht geben. God bless you!" und ihm die Hand reichend und die seine derb schüttelnd drängte er George aus der einen Seite der Kambüse nach Starbord zu hinaus, während er selber durch die andere Thür nach Backbord auf's Verdeck trat und dort ohne Weiteres den Böttcher aufsuchte. Mit diesem unterhielt er sich eine Weile und der Böttcher fluchte — es war ihm keinenfalls recht, daß er jetzt in seiner Ruhe gestört wurde, aber der Koch ließ nicht locker.

Was er verlangte, konnte George allerdings nicht verstehen, aber der Böttcher mußte doch zuletzt seinem Drängen nachgeben und schritt mit ihm zurück der Kajüte zu.

George hatte indessen die Back oder den überdeckten Vorder- theil des Fahrzeuges erreicht, auf dem sonst Nachts eine regel- mäßige Wacht gehalten wurde. Jetzt aber, vor Anker und der eingehenden Fluth entgegenreitend, war das natürlich nicht mehr nöthig und die Mannschaft trieb sich großentheils, wenn sie nicht schon in ihren Kojen lagen, auf dem inneren Deck umher und blickte sehnsüchtig nach den lange nicht gesehenen Lichtern vom Land hinüber.

Unten am Schiff hin gurgelte die Fluth dem Land entgegen. Er konnte deutlich erkennen, wie das funkelnde Seewasser um die Ankerkette spielte — und dort hinunter in Nacht und Dunkel- heit sollte er? Wenn ihn ein Krampf erfaßte — wenn ihn einer der gierigen Raubfische traf! „Jenny!" Er hatte keinen weiteren Gedanken, und nur noch einmal den Blick umherwerfend, ob er nicht gerade jetzt beobachtet würde, faßte er das niederhängende, aber an einem der „Nägel" vorher befestigte Fall, glitt daran hinab, erreichte die Ankerkette und sank geräuschlos in die Fluth hinein.

Die Flucht.

Die Betsy Crow hatte noch nicht viel Ladung ein und lag deshalb verhältnißmäßig hoch aus dem Wasser. Georg fand dabei die Strömung der Fluth viel stärker, als er erwartet hatte, und ziemlich stark leuchtete dazu das Meer, wie er schon von oben an den Stellen, wo das Wasser erregt wurde — wenn z. B. die Ruder eines Bootes hineinschlugen — bemerken konnte. Schwamm er also jetzt gleich vom Schiffe ab, so mußte er die Aufmerksamkeit ein oder des Anderen der an Deck befindlichen

Leute erregen, und war dann selbstverständlich der Gefahr ausgesetzt, wieder eingefangen zu werden. Das Beste war also, sich
unmittelbar am Fahrzeug hin mit der Strömung hinabtreiben
zu lassen und nur noch den Kopf über Wasser zu halten. Das
ging auch rascher, als er selbst geglaubt, denn die Fluth setzte
außerordentlich stark ein, und nur erst jetzt, als er frei vom
Schiff kam, ließ er sich langsam untersinken und trieb nun unter
Wasser fort, so lange er möglicherweise den Athem anhalten
konnte. Jetzt aber konnte es nichts weiter helfen, Luft mußte er
wieder haben, und nur noch immer vorsichtig und langsam aus-
greifend hob er sich an die Oberfläche, aber so, daß er auf den
Rücken zu liegen kam und nur noch das Gesicht frei hatte, und
fing erst an ordentlich auszustreichen, als er die volle Ueber-
zeugung gewann, daß er vom Schiff aus nicht mehr zu erkennen war.

An Bord der Betsy Crow blieb indessen Alles ruhig —
man konnte ihn auch nicht sogleich vermißt haben, und war es
dabei denkbar, daß ein Mann es wagen würde, aus solcher
Entfernung schwimmend das Land zu erreichen? Uebrigens mußte
er jetzt auch die anderen Schiffe vermeiden, denn von wo aus er
auch entdeckt wäre, durfte er sich fest darauf verlassen, daß man
ein Boot nach ihm abgeschickt hätte: die Kapitäne stehen da einander immer bei. Er wurde dann entweder an Bord gehalten
oder an die Polizei am Land abgeliefert — eines so schlimm
wie das andere, wo er nicht im Stande war, auch nur den
geringsten Beweis zu liefern, wie nichtswürdig und ungesetzlich
man an ihm gehandelt.

Aber wie weit lag das Land vor ihm, das er von Bord
aus so nah geglaubt! — doch zum Glück trug ihn die Fluth,
selbst wenn er sich manchmal auf den Rücken legte, um auszu-
ruhen, näher und näher hinan, und jetzt hatte er auch die letzten
Schiffe passirt, die dort ankerten, und sah einen langen dunkeln
Verbau vor sich — eines der Holzwerfte, die vor dem Hafen
aufgebaut sind.

An Haifische dachte er gar nicht mehr, und in je seichteres
Wasser er kam, - desto weniger hatte er auch von ihnen zu
fürchten; aber nicht wagen durfte er, an einem der aufgebauten
Werfte zu landen. Möglicherweise traf er ja dort Polizei, und
das mußte er vermeiden, denn unrettbar hätten sie ihn über
Nacht in Gewahrsam gehalten, und daß er dann von seinem
Schiff noch vor Tagesanbruch reklamirt wurde, darauf konnte
er sich verlassen. Er hielt deshalb mehr rechts hinüber, wo die
Lichter aus der Stadt seltener herüber leuchteten. Aber wie
schwer ihm das Schwimmen jetzt schon wurde! Seine Kleider
hatten sich lange voll Wasser gesogen, und wenn er das auch
anfangs nicht gefühlt, je mehr seine Kräfte nachließen, desto
schwerer schien die Last zu werden, die er trug, und schon zerflossen die aus den Häusern herüberflimmernden Lichter zu tausend
und tausend farbigen Sternen, die durch ihr Herüber- und Hin-
überzucken seinen Kopf wirbeln machten. Dabei fing ihn an zu
frieren; die Zähne schlugen ihm im Munde zusammen; er sah
kaum mehr, wohin er schwamm, und hielt sich nur noch oben
über Wasser, während ihn die Fluth dem Land entgegentrieb.
Zuletzt vermochte er auch das nicht mehr — „Jenny!" hauchte
er und das Wasser gurgelte in seinem Munde — er raffte seine
letzten Kräfte zusammen — er mußte ja das Land schon fast erreicht haben, aber er fühlte, wie er mehr und mehr sank. —
Schon konnte er den Kopf nicht mehr über Wasser halten und
nur noch manchmal, indem er sich gewaltsam emporschnellte,
Athem schöpfen. — Jetzt ließ auch das nach, und mit dem Gedanken „Vorbei — Alles vorbei —" wollte er sich eben seinem
Schicksal überlassen, als er etwas Hartes unter den Füßen
fühlte. Das Bewußtsein war ihm fast geschwunden, aber in-
stinktartig raffte er sich noch einmal empor — das Harte trug
ihn — er stand aufrecht, und wie er den Kopf hob, fühlte er,
daß er athmen konnte. Wie neue Lebenskraft zuckte ihm das
durch die Adern — seine über das Aeußerste angespannten
Sehnen konnten ruhen — seine Lungen füllten sich wieder mit

Luft, und wie er jetzt, von der Fluth dabei geschoben, vorwärts schritt, erkannte er auch auf kaum dreißig Schritte Entfernung das feste dunkle Land, den sandigen Strand, dem er entgegen= eilte. Aber auch dort standen noch einzelne Häuser und wieder bog er noch mehr rechts ab, in das Dunkel hinein. Er fühlte, wie er aus dem Wasser trat, daß ihm die Kleider so schwer wie Blei am Leibe hingen — mit den zitternden Knien vermochte er kaum das Gewicht zu tragen, aber er wußte auch, daß die Fluth noch mehr steigen würde — fort von der brängte er, bis er niedere, abgebröckelte Lehmbänke erreichte, die den Fuß der Küstenkette zu bilden schienen. — Aber jetzt konnte er auch nicht mehr weiter — mechanisch bewegte er wohl noch wenige Schritte die Füße vorwärts, um so weiten Raum als möglich von dem Meer zu gewinnen — seine Kräfte waren erschöpft und ohn= mächtig brach er, wo er stand, zusammen.

Wie viele Stunden er so gelegen, wußte er nicht, aber der Frost, in den nassen Kleidern und der kühlen Nachtluft, brachte ihn wieder zu sich selber, und durch die Ruhe gestärkt wie mit der Erinnerung an das Vergangene, ja dem Bewußtsein der Gefahr, in der er sich selbst noch hier befand, sprang er empor. Am Strand durfte er nicht bleiben, er zog sich mehr in die Hügel hinein und erst dort suchte er sich in etwas von dem in seinen Kleidern steckenden Wasser zu befreien. Er warf sie ab, rang sie alle sorgfältig aus, zog dann die Schuhe, die er sich an Bord in den Gürtel geschoben, an und eilte nun ohne Weiteres und ohne Ziel, als nur von der See fortzukommen, in das innere Land hinein.

Insofern hatte er jetzt ein leibliches Marschiren, als der Mond aufgegangen war und er bald einen Fahrweg traf, der in nordöstlicher Richtung von der Stadt abzulaufen schien. Diesem folgte er, bis der Tag im Osten graute, dann hielt er sich aber auch dort nicht mehr für sicher und schlug sich wieder links vom Wege ab in die Hügel, bis er endlich gegen Mittag eine einzelne Estancia antraf und etwas zu essen bekommen konnte, denn der Körper verlangte endlich sein Recht. Ein Chilene wohnte dort, dem er sich aber nicht verständlich machen konnte. Deutsch hatte er wohl etwas in der Schule in New-York gelernt, aber mit dem Spanischen wollte es nicht gehen. Daß er aber etwas zu essen verlangte, machte er den Leuten doch begreiflich, und wie herzlich und gastlich nahmen sie ihn auf. Besonders mundete ihm dabei und stärkte ihn der vortreffliche Wein des Landes, und als er beim Abschied in die Tasche griff und durch Zeichen frug, was er schuldig sei, wurden die Leute ordentlich böse, daß ein Fremder ihnen eine Mahlzeit bezahlen wolle. Sie nöthigten ihn auch, noch bei ihnen zu bleiben, und wenigstens den Tag da zu verbringen, um am andern Morgen seinen Weg fortzusetzen; aber es litt ihn nicht länger. Er wagte nicht einmal, in dem Hause den Weg nach Concepcion zu erfragen, aus Furcht, daß man ihm nachforschen und dann folgen könne, und bog, wie er sich nur aus Sicht des Hauses befand, vom Wege ab, um ganz unbelästigt die einmal nach Norden zu genommene Richtung beizubehalten.

So wanderte er zwei Tage, bis er die Gewißheit auf einer deutschen Estancia bekam, daß er den Hafen von Concepcion schon umgangen habe, und dort, wo er sich nach allen Verhältnissen genau erkundigen konnte und außer Verkehr mit der übrigen Welt war, faßte er seinen nächsten Plan.

In Concepcion gab es, wie ihm die Deutschen sagten, keinen amerikanischen Konsul, der wohnte in Valparaiso. Dorthin ging aber allmonatlich ein Dampfer ab, und auch kleine Segelschiffe boten oft Gelegenheit, dorthin zu gelangen. Der Dampfer langte hier jedesmal Ende des Monats an und war in etwa zehn Tagen fällig; er gehörte auch einer englischen Kompagnie — also einmal erst an Bord brauchte er nicht zu fürchten, daß er einem amerikanischen Wallfischfänger ausgeliefert wurde. Hatte er aber Valparaiso erreicht, so befand er sich unter dem Schutz seines Konsuls dort so sicher wie in New-York. Von da an nahm ihn der gewöhnliche Dampfer dann rasch nach Panama, und jeden

Tag fast fand er von Aspinwall aus Gelegenheit, nach einem ober bem anderen Hafen der Vereinigten Staaten seinen Weg fortzusetzen.

George hätte sich nun hier die Zeit, die noch an der Ab= fahrt des Dampfers fehlte, wohl und behaglich fühlen können, denn Verrath brauchte er von da ab nicht zu fürchten und in dem Hause selber war er wie ein Sohn, nicht wie ein Frember aufgenommen, aber bleich und in sich gekehrt schlich er umher, und wie die Ahnung eines nahenden Unheils hielt ein tiefer Trübsinn sein Herz in Banden. Er aß fast gar nichts, sprach nur wenn er gefragt wurde, und glich eher einem eben erst von schwerer Krankheit erstandenen, als aus schmachvoller Gefangen= schaft geretteten und freien Menschen. Und trotzdem hatten ihn Alle lieb, denn in seinen jugendlichen, offenen, wenn auch jetzt schmerzbewegten Zügen lag etwas Grundehrliches, Edles, und gar so gut begegneten die großen dunkeln Augen jedem Blicke dessen, mit dem er gerade sprach.

Die Frauen im Hause — die Frau des Farmers und dessen beide erwachsenen Töchter — hatten dabei ganz besonders Partei für ihn genommen, denn daß ihn ein geheimer Liebeskummer drücke, darüber waren sie schon lange mit einander einig. Wie gern auch hätten sie das Nähere darüber erfahren und ihm dann gerathen und ihn getröstet; aber alle theilnehmenden Worte oder Anspielungen prallten wirkungslos an ihm ab. George blieb verschlossen und in sich gekehrt, und die Wehmuth, die auf seinem Antlitz lag, blieb dieselbe. Nur mit den kleineren Kindern im Hause unterhielt er sich gern, trug das jüngste sogar oft im Garten umher, suchte mit ihm Blumen im Wald und war dabei freundlich mit Allen.

So lieb hatten sie ihn dabei gewonnen, daß der weibliche Theil der Familie, wie die Kinder, fast in Thränen zerflossen, als der Tag der Abreise endlich heranrückte. An Bezahlung für das Genossene war ebenfalls wieder kein Gedanke — wie er nur so etwas fragen konnte — und als er sich endlich ihre Adresse

aufschrieb, meinte die eine Tochter, sie brauchten seinen Namen
gar nicht niederzuschreiben — sie würden ihn, immer im Ge-
dächtniß behalten.

In Concepcion, das nur etwa drei Stunden entfernt lag,
traf er auch eben zur rechten Zeit ein, denn wie er dort anlangte,
kam schon der erwartete Dampfer von Süden her in Sicht. Er
behielt etwa noch eine Stunde in der kleinen Stadt, um einige
nothwendige Einkäufe zu machen — etwas Wäsche hatte er sich
schon in einem der unterwegs getroffenen Läden erstanden, und
da er sich seinen Bart abrasirt und einen andern Hut gekauft
hatte, brauchte er auch nicht zu fürchten, von Jemandem erkannt
zu werden, selbst wenn der Kapitän der Betsy Crow sogar bis
hierher Leute beordert hätte, um auf ihn zu fahnden.

Uebrigens ging er außerdem gleich in die Kajüte, wo man
ihn in keinem Fall gesucht haben würde, und erst als der
Dampfer, der sich nur etwa zwei Stunden in Concepcion aufhielt, wieder unterwegs war, suchte er den Purser oder Sekretär
des Bootes auf, um diesem seinen Brillantring als Pfand für
die in Valparaiso zu zahlende Passage in Versatz zu geben —
war ihm doch nicht mehr Geld genug dafür übrig geblieben.

Jetzt erst fühlte er sich wirklich gerettet und jeder noch bis
dahin möglichen Verfolgung enthoben. Er war frei wie der
Vogel in der Luft — aber trotzdem kam kein Lächeln auf seine
Lippen. Sein ganzer Jugendmuth — so wacker er bis dahin
gegen Schicksal und Gefahren angekämpft — schien gebrochen,
und selbst als sie nach ziemlich rascher und glücklicher Fahrt Valparaiso endlich erreichten, verließ er allein, ohne mit irgend Jemand an Bord verkehrt zu haben, in einem der kleinen Boote
den Dampfer und schritt dann, von einem der ihm begegnenden
zahlreichen Fremden das beste Hotel erfragend, in die Stadt hinein.

Ein gefundener Freund.

Im Hotel angelangt, wo man den wie ein gewöhnlicher Matrose gekleideten Fremden ein wenig mißtrauisch betrachtete, war seine erste Frage nach dem für Panama bestimmten Dampfer. Die Antwort lautete befriedigend: daß er in etwa fünf Tagen erwartet würde, dann drei Tage hier liegen bleibe und also in etwa acht Tagen nach Lima zurückkehren würde, um über Peru die Fahrt nach dem Isthmus fortzusetzen. Dadurch blieb ihm eine volle Woche Zeit in Valparaiso, und die Hauptsache war jetzt, einen Geschäftsfreund aufzusuchen, mit dem sein Haus früher in lebhafter Verbindung gestanden, um von diesem Geld für die Heimreise zu bekommen. Er kannte auch genau die Firma und erkundigte sich nur bei dem Wirth nach der Straße, in welcher das Haus läge, als ihn dieser mit einer sehr unangenehmen Nachricht überraschte.

Der alte Herr war vor etwa sieben Monaten gestorben und seine Familie zurück nach den Staaten gegangen. Das Geschäft hatte indessen liquidirt und der Compagnon desselben sich nach St. Thomas gewandt. Erst in vorigem Monat waren noch die letzten übrig gebliebenen Waaren öffentlich versteigert worden und das Lokal sollte seitdem ein französisches Geschäft bezogen haben.

George stand einen Moment höchst unangenehm von der Nachricht überrascht, denn weiter kannte er Niemanden in der ganzen großen Stadt — aber es war auch wirklich nur ein Moment, denn im allerschlimmsten Fall fühlte er sich seiner Lage auch vollkommen gewachsen und die Kraft in sich, selber Hilfe zu schaffen. Noch blieb ihm als Beistand der amerikanische Gesandte oder Konsul, und weigerte der sich, nun dann konnte er vor allen Dingen Jenny und den Seinen doch von hier aus schnelle und direkte Nachricht zukommen lassen, und wenn er indessen nicht im ersten Hotel wohnen blieb, dann zog er so lange

6*

hinaus auf's Land, ja, arbeitete selbst die paar Monate um Tagelohn.

Jenny beruhigte sich dann auch gewiß, wenn sie nur erst sichere Kunde von ihm erhielt; sie waren ja Beide noch so jung und die kurze Prüfungszeit hatte vielleicht für Beide segensreiche Folgen.

In dem Gefühl, auch dem Schlimmsten jetzt begegnen zu können, erwachte dazu ein besserer und kräftigerer Geist in ihm. So niedergeschlagen, ja fast gebrochen er nach Valparaiso ge= kommen, jetzt blickte er wieder freier umher, und wenn auch noch die alte Schwermuth auf seinem Herzen lastete, so war er doch zu neuem, selbstständigem Handeln gezwungen, und das lenkte seine Gedanken von allem Grübeln ab.

Eins beunruhigte ihn noch — sein Brillantring, ein theures Andenken an seine verstorbene Schwester, den er dem Boot hatte als Versatz lassen müssen. — Aber auch dafür ließ sich Rath schaffen, denn so viel konnte er sich doch sicher im nächsten Monat, bis der Dampfer wieder von seiner gewöhnlichen Fahrt nach dem Süden zurückkehrte, verdienen, um ihn einzulösen, und alles Weitere fand sich dann von selber.

Die Hauptsache blieb jetzt also, den amerikanischen Ge= sandten aufzusuchen, und kannte der Herr seine Familie, so durfte er auch auf Hilfe rechnen; kannte er sie aber nicht, dann sollte wahrlich keine Bitte über seine Lippen kommen. So viel Geld besaß er noch, um die geringen, bisher aufgelaufenen Kosten im Hotel zu zahlen, und dann, sobald er seinen Brief abgeschickt, suchte er sich eben Arbeit in Stadt oder Umgegend — und wenn er sich als Knecht verdingen sollte.

Das „Hotel" des amerikanischen Gesandten, ein freundliches zweistöckiges Haus dicht am Strande oder doch wenigstens mit der vollen Aussicht nach dem Hafen, fand er bald, sollte aber auch hier eine Enttäuschung erleiden, nämlich rasche Gewißheit über seine nächste Zukunft zu erhalten, war unmöglich, denn wie ihm der chilenische Diener, der nur etwas gebrochen Englisch sprach, sagte, so war der Sennor nach Santiago verreist und wurde nicht vor den nächsten zwei oder drei Tagen zurückerwartet.

„Und wie hieß der Gesandte?"

Der Mann nannte ihm einen Namen, aber durch seinen spanischen Dialekt so verstümmelt, daß er nicht herausbekommen konnte, was er möglicherweise damit meine.

„Und war Niemand im Comptoir, an den er sich wenden mochte? Kein einziger Amerikaner?"

„Como no," sagte der Mann, „hay — hay — americano," und damit zeigte er nach einer im Parterre liegenden Thür, auf der George jetzt ein kleines Schild mit der Aufschrift „office" bemerkte. Jedenfalls befand sich dort ein amerikanischer Sekretär, und wenn er von diesem selber auch keine Hülfe erwarten durfte, so war er doch jedenfalls im Stande, ihm Auskunft über den Gesandten zu geben. Ohne sich deshalb lange zu besinnen, denn mit dem Chilenen war doch kein wirkliches Gespräch zu führen, schritt er zur Thür, klopfte an und betrat auf ein lautgerufenes „walk in" den inneren Raum.

An dem einen Pult saß ein junger Mann, eifrig mit einer vor ihm liegenden Korrespondenz beschäftigt, sah auch nicht gleich auf, als George das Zimmer betrat, sondern arbeitete weiter, bis er den Brief beendet hatte. Jetzt schaute er empor und sagte, einen Matrosen vor sich sehend:

„Was wünschen Sie, mein Freund?"

„Ich komme nur mit einer Anfrage," erwiderte George, „da ich mein eigentliches Anliegen dem Gesandten selber vortragen muß. Dürfte ich Sie bitten, mir dessen Namen zu nennen und aus welchem Theile der Staaten er kommt? Ich kann den chilenischen Diener draußen nicht verstehen."

Der junge Sekretär, der zuerst nur einen flüchtigen Blick uaf ihn geworfen, hatte sich ihm jetzt halb zugedreht und betrachtete erst forschend sein Gesicht und dann seine Kleidung. Er schien auch die Frage ganz überhört zu haben, denn er beantwortete sie gar nicht — endlich stand er von seinem Stuhl auf und George gegenübertretend sagte er, viel artiger als die erste Anrede gewesen:

„Dürfte ich um Ihren Namen bitten?"

George war auf die Frage nicht gleich vorbereitet und zögerte einen Moment mit der Antwort; aber er durfte sich hier, wo er von dem Gesandten Hilfe erwartete, auch keinen falschen Namen geben und sagte endlich:

„Halay."

„Doch nicht George Halay von New-York?" rief der Sekretär, ihn jetzt erstaunt anstarrend.

„George Hallay allerdings — aber Sie?"

„Und kennst Du mich nicht mehr, George? Richard Burton von Charleston? Hast Du denn New-Orleans vergessen?"

„Dick*), beim Himmel!" rief Georg, ihm die Hand entgegenstreckend und die gebotene herzlich schüttelnd. „Ich habe Dich wahrhaftig nicht wiedererkannt."

„Und ich Dich gleich, wie ich Dir nur in's Auge sah. Aber Mensch, wie siehst Du aus? Wo kommst Du her? Bist Du krank gewesen? Du hast ja keinen Blutstropfen im Gesicht."

„Krank? Nein," sagte George, indem ein wehmüthiges Lächeln um seine Lippen zuckte — „und wo ich herkomme? — Doch das ist eine lange Geschichte, die ich Dir ein andermal erzähle. Jetzt beantworte mir nur die eine Frage: Warst Du kürzlich in New-York?"

„New-York? Nein," sagte der junge Mann — „ich habe New-York nicht betreten, seit wir uns das letzte Mal trafen und von da zusammen nach New-Orleans fuhren."

„So ist der Gesandte auch nicht aus New-York?"

„Doch; ich selber war aber der Gesandtschaft in St. Thomas beigegeben und bekam dort die Weisung, mich der hiesigen Legation anzuschließen, so daß ich von St. Thomas gleich direkt über Aspinwall hier herüber ging. Ich habe die Staaten seit

*) Dick — die Abkürzung von Richard.

drei Jahren nicht betreten. Aber seit wann hast Du sie denn
verlassen?"

„Seit etwas über sechs Monat jetzt und — in ein wenig
wunderlicher Weise — doch davon später. Wie heißt der hiesige
Gesandte, kenn ich ihn?"

„Jedenfalls — er stammt wenigstens aus New-York; Hewes
ist sein Name —"

„Hewes? Ich kenne einen Advokaten Alfred Hewes in
New-York."

„Das ist derselbe."

„In der That?" sagte George langsam und nachdenkend
vor sich hin mit dem Kopf schüttelnd; „das ist beim Himmel ein
wunderliches Zusammentreffen. Er kann aber noch nicht lange
in Valparaiso sein."

„In acht Tagen werden es fünf Monat, daß wir hier an-
langten. Ich traf mit ihm in Panama zusammen. Er hatte sich
kurz vorher in New-York verheirathet, und die Tour nach Chile
war gewissermaßen seine Hochzeitsreise."

„Er ist verheirathet?"

„Allerdings, und eine bildhübsche kleine Frau hat er —
aber auch zugleich in ihr einen kleinen Satan. Sie ist der
Schrecken des ganzen Hauses."

„Ihr fürchtet Euch vor ihr?" lächelte George.

„Und alle Ursache, bei Gott," rief Burton, „denn sie thut
was sie will, und will Alles, was verkehrt ist."

„Ist sie noch jung?"

„Höchstens achtzehn Jahr."

„Und hübsch?"

„Bildschön — aber da oben kannst Du sie gleich hören.
Sie hat wieder ihre arme Gesellschafterin vor. Das arme Kind
thut mir in der Seele leid. Sie behandelt sie wie eine Sklavin
und chikanirt sie in wahrhaft boshafter Weise."

Burton hatte die Thür ein wenig geöffnet und George hörte
in der oberen Etage eine keifende Damenstimme, der eine andere,

aber in milder, versöhnender Weise antwortete, — Aber die Dame schien noch heftiger zu werden, und gleich darauf klang es wie ein schwerer Fall auf der Treppe, dem ein leises Wimmern folgte.

Burton machte unwillkürlich eine Bewegung, als ob er vorspringen wolle, bezwang sich aber augenblicklich, schloß die Thür wieder und sagte trocken: „Man soll sich nie in Familienangelegenheiten mischen, und besonders gar nicht, wenn man Diplomat ist, — und noch besonders gar nicht, wenn man Mrs. Hewes dadurch zur Gegnerin bekommen könnte. Ich werde mich hüten, denn es gefällt mir hier in Valparaiso vorzüglich, und ich könnte mich fest darauf verlassen, in drei Monaten spätestens abberufen zu werden."

„Steht Hewes so unter dem Pantoffel?"

„Vollkommen," lachte Burton.

„Aber wer ist das junge Mädchen, das Du ihre Gesellschafterin nanntest?"

„Die Tochter eines Kaufmanns aus New-York, der fallirt hat. Die Familie scheint in die desolatesten Umstände gerathen zu sein. Der einzige Sohn, anstatt nun tapfer zu arbeiten, schoß sich eine Kugel durch den Kopf, — beide Eltern starben in einem Zeitraum von vierzehn Tagen aus Gram, und dem armen Kinde blieb nichts Anderes übrig, als in Dienst zu gehen — und solch ein Dienst — aus solchen Verhältnissen heraus!"

„Wie hießen ihre Eltern?"

„Morhouse."

„Doch nicht Morhouse und Sohn?"

„Derselbe."

„Allmächtiger Gott, das ist ja doch nicht möglich! Ich bin kaum mehr als ein halbes Jahr von New-York fort, und damals gehörte das Haus zu den geachtetsten und solidesten Firmen."

„Wir leben schnell in Amerika," sagte Burton, „und ein Unglück kommt selten allein. Eins seiner Schiffe verbrannte auf offener See — ein anderes sank auf den Goodwin sands — beide nicht versichert. — Zu gleicher Zeit machten zwei Häuser, das eine in New-Orleans, das andere in St. Louis, bankerott, mit denen die Firma in engster Verbindung stand, und — der alte Morhouse war zu ehrlich — die Geschichte brach über den Haufen."

„Seine Tochter heißt Alice?"

„Ganz recht — kennst Du sie?"

„Gewiß — ein liebes gutes Mädchen; ich habe sie oft und oft in meines Vaters Haus und bei meinen Schwestern gesehen — armes Kind!"

„Ja wohl armes Kind. Ich habe mir auch schon Mühe gegeben, ihr unter der Hand eine andere Stellung in einer chilenischen Familie zu verschaffen, in der — ich befreundet bin, — aber natürlich darf die Lady nichts davon erfahren, daß ich die Hand mit im Spiel habe, oder ich wäre natürlich Hals über Kopf in Ungnade. Es ist überdieß so wie so, und sie weiß manch= mal gar nicht, ob sie mich nur grüßen soll."

„Stammt sie aus New-York?"

„Die Lady? Ich weiß es nicht einmal; ich glaube, ihre Eltern haben früher im Süden gewohnt. Heißes Blut hat sie jedenfalls. — Aber was ich Dich fragen wollte, George — zum Henker auch, Du steckst da in einer ganz ordinären und noch dazu arg mitgenommenen Matrosenjacke! Was soll das bedeuten?"

„Ich bin von einem Schiff entlaufen," sagte George.

„Unsinn — wie wär'st Du auf ein Schiff gekommen! Spielst Du Maskerade oder was sonst?"

„Dann habe ich wenigstens die Maskerade die letzten sechs Monate sehr ernst betrieben. — Doch Scherz bei Seite — Du sollst meine ganze Geschichte nachher hören. Wo ißt Du zu Mittag?"

„Mit Dir natürlich; wo es ist."

„Gut — aber ich bin außer Geld und wollte den Ge= sandten eben aufsuchen, um von ihm auf Wechsel die Mittel zu

erbitten und mit dem nächsten Dampfer nach New-York zurückzukehren. Jetzt aber komm' ich vom Süden her und hätte nicht
einmal genug Geld, um meine Passage auf dem Dampfer zu
bezahlen, so daß ich einen Ring in Verfatz geben mußte, und
den möchte ich gern so bald als möglich wieder einlösen. Bei
Tisch erzähle ich Dir dann Alles." — —
— „Vortrefflich!" rief der junge Burton — „Henes muß jedenfalls spätestens morgen hierher zurückkehren, bis dahin reicht
aber meine Kasse vollständig aus, und zuerst einmal Deinen
Ring wieder zu holen und Dich anständig zu kleiden; denn in
dem Zustand kann man mit Dir kaum Arm in Arm durch die
Straßen gehen. Also vor allen Dingen," fuhr er fort, sein
Pult schließend — „wollen wir jetzt erst einmal nach dem
Dampfer hinüberfahren; ich habe mein Boot unten liegen —
und dann besorgen wir Deine Toilette. Unterwegs aber erzählst
Du mir Deine Erlebnisse und was Dich in diesen entfernten
Theil der Welt geführt. Hast Du Cigarren bei Dir?" — —

„Nicht ein Stück. Ich habe etwas knapp die letzte Zeit gelebt."

Burton lachte, schob ihm eine Handvoll Cigarren in die
breite Tasche seiner Seemannsjacke, und sehr zur Verwunderung
des chilenischen Peons oder Dieners verließen die beiden jungen
Leute: der Sekretär des Gesandten ein caballero und der
„gemeine Matrose", Arm in Arm das Haus.

Jetzt nur erzählte George dem Freund seine wunderlichen
Schicksale bis in's Kleinste hinab, sein Leben an Bord; seine
Flucht; und der erste Lichtblick in dem Ganzen war, ihn hier
Freund — hier wiedergefunden zu haben. Nun durfte er auch
fest darauf rechnen, die Heimath wieder und ohne weitere Fähr-
lichkeiten zu erreichen, und seine Leiden hatten damit wenigstens
ein Ende.

Die jungen Leute, nachdem sie an Bord gefahren und den
Ring eingelöst, behielten auch noch übrig Zeit vor dem Mittagessen, die nothwendigste Garderobe für George einzukaufen, und
dann verbrachten sie den übrigen Theil des Tages, einen Spazier-

ritt, nach dem Leuchtthurm hinauf und in die Umgegend zu machen,
bis sich George endlich, an Körper und Geist von dem raschen
Wechsel seines Lebens ermüdet, auf sein Lager warf. In der
am nächsten Morgen suchte er den Freund wieder auf.
Wenn dieser aber gehofft hatte, ihn jetzt, wo er sich aller Sorgen
enthoben wußte, heiter und froh zu finden, so sah er sich darin
getäuscht. George war freundlich, aber trotzdem dabei ernst und
niedergedrückt; er ging auf keinen Scherz ein und schien von
einer ewigen Unruhe erfaßt, die ihn nicht rasten und nicht ruhen
ließ. Es war die Sehnsucht nach der Heimath — nach der
Heimath; — nach der Geliebten, denn keine Kunde konnte je
weder zu ihr, noch zu seinen Eltern gelangen, ehe er nicht selber
mit dem nämlichen Dampfer, der seine mit von Talcahuano ge-
brachten Zeilen trug, dem Vaterlande wieder entgegeneilte.
Burton erbot sich, ihn in eine ihm befreundete Familie ein-
zuführen, aber er weigerte sich, mitzugehen; er mochte, wie er
sagte, kein glückliches Familienleben sehen, da es ihm den eigenen
Verlust zu scharf und schroff vor die Seele führte. Er hatte keine
Ruhe, bis er den Boden New-York wieder unter den Füßen
fühlte.

Burton hatte indessen — wie er es nannte — neues Material
für die chronique scandaleuse der Mrs. Hewes gesammelt.
Gestern Mittag, als sie den Lärmen auf der Treppe hörten,
schien sie sich in der That so weit vergessen zu haben, der armen
Alice ein Buch an den Kopf zu werfen. Das junge Mädchen,
dadurch erschreckt und außer Fassung gebracht, that einen Fehl-
tritt, und stürzte ein paar Stufen hinab, die in einen Gang ein-
mündeten, wodurch sie sich, wenn auch nur leicht, an der Stirn
verletzte. Burton war ganz außer sich darüber und entdeckte jetzt
dem Freund auch, daß er möglicherweise der diplomatischen Carrière ganz entsagen werde — wenn ihn nämlich Mrs. Hewes
dazu triebe. Er sei jetzt fest entschlossen, darauf hinzuwirken,
daß Alice in eine andere Familie träte, und zwar in die nämliche Familie, zu welcher das schönste und vollkommenste Mädchen

Chile's gehöre — ein wirklicher Engel — dessen Herz er erobert
hatte. Er besaß selbst etwas Vermögen, — Dolores' Eltern
— der „Engel" hieß „Dolores", — waren außerdem, sehr reich
und hatten besonders bedeutende Besitzungen in Santiago, und
wenn Alice dann in die Familie seiner künftigen Schwiegereltern
kam und er nachher, als natürlicher Anstifter, von der Dame in
Acht erklärt wurde, — nun so mochte sie ihr Schlimmstes thun.
Nur vor der Hand durfte er darin noch keinen entscheidenden
Schritt wagen, denn Dolores' Vater hatte zu der Verbindung
noch seine Einwilligung nicht gegeben, da er — ganz im Gegen-
satz zu seiner Tochter — die Amerikanos nicht leiden mochte.
Brachte er also Alice jetzt dort unter und sich nicht, so wurde
ihm hier vielleicht ebenfalls der Stuhl vor die Füße gesetzt, und
er hatte Stelle wie Braut verloren. Das aber mußte sich in
den nächsten Tagen entscheiden; Tochter wie Mutter wußte er
ja auf seiner Seite, und dann sollte seine junge Landsmännin
auch nicht länger in diesem Hause bleiben.

George hörte mit freundlichem Lächeln diese Herzenser-
gießungen an; es kam ihm aber gar so wunderlich vor, daß eine
Frau, und noch dazu von so jugendlichem Alter, ein solcher
kleiner Dämon sein könne, um die Geschicke eines ganzen Hauses
und Menschen-Glück und -Elend in Händen zu halten. Das
aber hatte sich Mr. Hewes auch selber zuzuschreiben — weßhalb
heirathete er ein Mädchen mit einem solchen Charakter. Und doch
dabei wie sonderbar! Gerade dieser Hewes hatte sich in früherer Zeit ebenfalls mit um Jenny beworben und New-York
erst verlassen, als er fand, daß sein Nebenbuhler begünstigt
wurde. An seinem Geschmack lag es also nicht; er schien nur
kein Glück gehabt zu haben.

Der amerikanische Gesandte.

Die jungen Leute plauderten noch mit einander, als draußen vor dem Hause Pferdegestampfe laut und gleich darauf die Klingel gezogen wurde. Es war Mr. Hewes, der von seiner Tour nach Santiago zurückkehrte, und Burton, während George in der Office zurückblieb, ging hinaus, um ihn zu begrüßen. Neues war nichts Besonderes vorgefallen, und nur eine Anzahl geschäftlicher Briefe, nebst einem Regierungsschreiben, lagen in der Office und Mr. Hewes trat mit hinein, um sie in Empfang zu nehmen.

Nun waren Halay und Hewes früher wohl gut genug bekannt, aber nie besonders befreundet mit einander gewesen — wenigstens nicht seit der Zeit, da sie das eine Ziel verfolgten. George wußte auch in der That nicht recht, wie er mit ihm stand, und als der Gesandte seine eigene Office betrat, erhob er sich nur und machte ihm eine förmliche Verbeugung. Hewes erwiderte sie aber gar nicht — er sah ihn starr und forschend an, bis Burton nicht umhin konnte, ihn vorzustellen.

„George Halay aus New-York."

„Halay! bei Gott!" rief der Gesandte jetzt, ihm die Hand entgegenstreckend. „Wo um des Himmels willen kommen Sie her, oder wo haben Sie vielmehr die ganze Zeit gesteckt?"

„Das ist eine lange Geschichte, lieber Herr Hewes," erwiderte George fast verlegen, — „aber ich bin gerade deshalb nach Valparaiso gekommen, um sie Ihnen zu erzählen."

„Mir?"

„Der Gesandtschaft wenigstens. Ich wußte ja nicht, wer den Posten bekleidete.

„Ihre Eltern sind in furchtbarer Sorge um Sie gewesen. Wie konnten Sie sich so plötzlich und heimlich entfernen?"

„Es geschah nicht freiwillig, Sir!"

„Nicht freiwillig?" — rief Hewes — „aber kommen Sie

mit hinauf auf mein Zimmer — oder wissen Sie schon, was hier im Hause vorgegangen ist?"

„Hier im Hause?" frug Georg überrascht — „nein."

„Nicht? Wie lange sind Sie hier?"

„Seit gestern."

„Haben Sie meine Frau schon begrüßt?"

„Da ich nicht die Ehre habe, sie zu kennen, wagte ich es nicht."

„Gut — kommen Sie mit zu mir hinauf — wir müssen eine halbe Stunde ungestört sein, denn ich habe Ihnen Verschiedenes mitzutheilen, wie ich auch eben so begierig bin, die Ursache Ihrer damaligen Entfernung von New-York zu erfahren. Kannten Sie Burton von früher?"

„Wir sind alte Reisegefährten und Freunde."

„In der That — also kommen Sie, lieber Halay," und seine Briefe aufgreifend, schritt er ihm voran, die Treppe hinauf und dort in sein Zimmer hinein, wo er dem jungen Herrn bedeutete, Platz zu nehmen. Die Briefe legte er auf sein Pult, von der Krebenz nahm er dann eine Karaffe mit Sherry und ein paar Gläser, schob ihm ein Kistchen Cigarren hin und sagte, während George etwas erstaunt über dies freundschaftliche Entgegenkommen des Mannes war — es wenigstens nicht erwartet hatte:

„So, mein lieber Halay, zuerst also ein Glas auf Ihr glückliches Wiederfinden — und nun erzählen Sie mir, was Sie nach Valparaiso führt und wie Sie damals New-York verlassen haben. Ich bin mehr bei der Sache interessirt, als Sie vielleicht glauben."

George erzählte ihm jetzt — ausführlicher sogar noch als Burton — die Erlebnisse des letzten halben Jahres, ja verschwieg ihm sogar nicht die Ursache, weshalb er an jenem Abend etwas gekränkt seine Braut verlassen und dann versucht hatte, seinen vielleicht ungerechtfertigten Aerger für ein paar Stunden zu betäuben. Daß es so furchtbare Folgen haben würde, konnte er sich ja doch nicht denken.

Mr. Hewes unterbrach ihn mit keinem Wort, bis er geendet hatte, und blies nur dabei den Rauch seiner Cigarre schweigend und nachdenkend vor sich hin.

„Sie haben seit der Zeit also gar keine Nachricht von New-York erhalten?'

„Wie sollte ich?" sagte George; „erst vor wenigen Tagen gelang es mir ja, dem Wallfischfänger zu entkommen, und der einzige Amerikaner, den ich seit der Zeit gesprochen, Mr. Burton, ist erstlich in New-York gar nicht bekannt und hat außerdem den Platz seit Jahren nicht betreten. Seit jenem unseligen Abend habe ich nichts von New-York gehört und nur erst kürzlich an Bord des Schiffes noch Gelegenheit bekommen, ein paar Zeilen nach Hause zu senden, die aber ebenfalls von Talcahuana aus nicht früher als mit dem nächsten Dampfer befördert werden können."

„Und wollen Sie den nicht zur Heimreise benutzen?"

„Es war aus dem Grund, daß ich die Gesandtschaft aufsuchte, um die Mittel zur Reise zu bekommen, denn um das wenige Geld, das ich damals bei mir führte, bin ich natürlich geplündert worden."

„Es versteht sich von selbst," sagte Mr. Hewes, „daß Ihnen bei mir jede Summe zur Verfügung steht, die Sie gebrauchen."

„Ich danke Ihnen aufrichtig."

„Aber es wird Sie doch auch interessiren, zu hören, was in New-York nach Ihrem plötzlichen Verschwinden —"

Mr. Hewes schwieg plötzlich, denn unmittelbar vor seiner Thür wurde eine etwas heftige Damenstimme laut.

„Meine Frau —" sagte der Gesandte, wie es schien ein wenig verlegen — „ich muß Ihnen mittheilen, lieber Halay, daß ich —"

In dem Moment wurde die Thür rasch geöffnet und auf der Schwelle erschien die junge Lady, die mit scharfer Stimme und ohne den im Zimmer befindlichen Fremden zu beachten oder nur anzusehen, ausrief:

„So Sennor — Sie halten es nicht einmal der Mühe werth, trotzdem, daß Sie vier Tage abwesend waren, auch nur ihrer Frau guten Tag zu sagen!"

George war von seinem Stuhl aufgesprungen und starrte die Frau wie eine Erscheinung an.

„Jenny!" weiter rang sich ihm kein Wort von den Lippen, und als ob er an die Stelle durch einen Zauber gebannt wäre, so vermochte er auch nicht ein Glied zu rühren, ja nur mit einer Wimper zu zucken.

Die erzürnte junge Dame drehte sich rasch nach ihm um, aber jeder Blutstropfen verließ in dem Moment ihre Wangen. Ihr erstes Gefühl war auch jedenfalls Schreck und Ueberraschung, denn zu rasch und plötzlich hatte sie dies Begegnen getroffen, aber trotzdem gewann sie viel eher als George ihre Besinnung wieder. Noch war ihr bildschönes Antlitz bleich wie Marmor, aber schon zuckte ein kalter, fast verächtlicher Zug um die fein-geschnittenen Lippen.

„Mister Halay," sagte sie in kurz abgestoßenen Sylben — „das ist in der That ein unverhofftes Begegnen. Ich bedaure, Ihnen ungeahnt in den Weg gekommen zu sein —" und den Kopf hoch und stolz zurückgeworfen, indem sie nur noch einen vernichtenden Blick auf den früheren „Geliebten" schleuderte, verließ sie das Zimmer wieder und warf die Thür hinter sich in's Schloß.

Und George blieb immer noch regungslos und starrte ihr nach. War das Jenny — seine Jenny gewesen? — aber das konnte ja nicht möglich sein — des Gesandten Frau — der kleine Teufel im Haus — und dann? — hatte ihm Burton nicht gesagt, daß Mr. Hewes schon seit über fünf Monaten verheirathet sei, während er vor wenig längerer Zeit erst New-York verlassen? — Und doch hatte sie seinen Namen gekannt — und der verächtliche Blick, den sie ihm zuwarf. — Jenny — deren Bild in heißer, quälender Sehnsucht sein ganzes Herz erfüllt — seine Braut — sein Alles auf dieser Welt — und jetzt vor wenigen Sekunden hatte sie vor ihm gestanden, dort unmittelbar vor ihm an der Thür, und sie war nicht an sein Herz gesunken — er hatte sie nicht gefaßt und gehalten, um sie nie wieder zu lassen, sein ganzes Leben lang! Der Kopf wirbelte ihm — die Gedanken jagten einander und fast unwillkürlich griff er nach der Lehne des nächsten Stuhles, um sich daran zu halten.

Mr. Hewes hatte indessen den jungen Mann schweigend beobachtet, und daß dieser auch keine Ahnung davon gehabt, die frühere Geliebte hier als verheirathete Frau anzutreffen, war unverkennbar. Die Lady war ihm aber doch ein wenig zu früh erschienen — er selber hatte Halay darauf vorbereiten wollen, weil er ein anderes Resultat einer solchen unerwarteten Begegnung fürchtete. Jetzt aber, da Alles so glücklich abgelaufen, schien er auch damit zufrieden und ein leises Lächeln spielte sogar um seine Lippen, dem sich aber doch ein bitteres Gefühl beimischte. Wirre, wunderliche Gedanken waren es, die auch ihm durch den Sinn zuckten. Endlich sagte er:

„Nehmen Sie Ihren Stuhl wieder, Halay — meine Frau hat uns gestört und erschien eigentlich ein wenig zu früh, mehr als Titelbild wie als Illustration zu meiner Erzählung. — Bitte, setzen Sie sich und lassen Sie uns noch ein Glas Wein nehmen, wir werden auch jetzt nicht weiter gestört werden — Ihre Cigarre ist ausgegangen, wie? —“

George sah ihn noch immer wie im Traum an; Hewes aber, ihm ruhig Zeit lassend, sich zu sammeln, füllte sein Glas wieder, schob es ihm hin und sagte dann:

„Sie hatten keine Ahnung, daß Miß Jenny Wood meine Frau geworden?“

„Nein,“ erwiderte der junge Mann, indem er das ihm gebotene Glas fast mechanisch annahm und leerte — „und ich fasse das Ganze nicht.“

„Die Sache kam etwas rasch.“

„Ich begreife jetzt noch nicht, wie es möglich ist. — Sie

Verhängnisse.   7

müßte sich ja unmittelbar nach meinem Verschwinden verheirathet haben — und ich glaubte —"

„Daß sie Ihnen treu bleiben würde," fügte Hewes fast mehr mit sich selber redend hinzu — „doch — Sie dürfen sie deshalb nicht zu hart tadeln, sie glaubte sich von Ihnen böslich verlassen."

„Und wie konnte sie das? derzeit mußte sie mich doch kennen, wenn sie mir ihr ganzes Leben anvertrauen wollte" — Hewes schwieg eine Weile, endlich fuhr er langsam fort:

„Es sprach Manches gegen Sie. — Ich kam am nächsten Tag in Geschäften nach New-York zurück und hörte den Vorfall besprechen. Sie hatten einen kleinen Zank mit ihr gehabt — ein nicht unmögliches Ding, denn Jenny ist ein wenig reizbar, und unmittelbar danach das Haus verlassen. Am nächsten Tag kehrten Sie nicht zurück. Die Trauung war angesetzt, die Gäste hatte man schon geladen, und als der Hochzeitstag erschien, fehlte der Bräutigam. Von Ihren Eltern wie von Woods aus wurden jetzt Nachforschungen angestellt, aber es ergab sich Nichts daraus, als daß Sie — Niemand konnte ahnen, weshalb — ein Bündel mit ihren gewöhnlichen Kleidern in Ihre Wohnung geschickt hätten. Natürlich mußten Sie sich irgendwo einen anderen Anzug gekauft haben, aber zu welchem Zweck, wenn Sie ungekannt sein wollten?

Jenny war außer sich; alle Damen ihrer Bekanntschaft kamen unter dem Vorwand zu gratuliren — in Wirklichkeit aber um das Nähere über Ihr räthselhaftes Verschwinden zu erfahren. Daß Sie verunglückt sein könnten, schien nicht glaubhaft, denn das Wechseln der Kleider deutete mehr auf eine vorberechnete Handlung hin. — Sie wissen, Mr. Halay, daß ich mich früher ebenfalls um Miß Wood beworben hatte; ich — nahm noch immer das regste Interesse an ihrem Schicksal und suchte ihr väterliches Haus wieder auf, denn ich muß Ihnen gestehen, daß ich damals selber glaubte, Sie hätten sich der Verbindung — aus mir freilich unerklärlichen Gründen — ent=

zogen. Ich fand Jenny, weniger aufgelöst in Schmerz, als auf's Tiefste gekränkt und in ihrem Stolz beleidigt. An ihrem ange-setzten Hochzeitstag bekam sie heftige Krämpfe und mußte drei Tage das Bett hüten — aber sie erholte sich bald wieder, und schien von da an schöner und lebendiger als je —".

Hewes schwieg eine kurze Weile — es war fast, als ob er ein Kapitel berühre, über das er selber am liebsten weggegangen wäre; aber es ließ sich eben nicht umgehen und mußte besprochen werden, und er fuhr endlich fort:

„Ich muß Ihnen gestehen, Halay, daß die alte Neigung zu dem jungen wunderschönen Mädchen noch immer in meinem Herzen fortlebte. Ich war bis über die Ohren verliebt und — dadurch geblendet. Jenny erklärte mir bei einer Zusammenkunft, daß Sie — unverantwortlich an ihr gehandelt hätten und sie nie im Leben die Ihre werden wolle. Ich — ließ mich hin-reißen und bat sie, die Meine zu sein — sie willigte ein, und da ich in derselben Woche diese Stellung in Chile erhielt, die für mich eine neue Carrière eröffnete, wurde unsere Verbindung kaum 14 Tage nach Ihrem Verschwinden schon in ihres Vaters Hause gefeiert. Ich war glücklich" — setzte Hewes nach einer kleinen Pause hinzu — „und bedachte nicht, daß ihrem raschen Ja-wort vielleicht mehr beleidigter Stolz als wirkliche Liebe zu mir zum Grund gelegen."

George hatte ihm, während er sprach, vollkommen ruhig und leidenschaftlos zugehört. Sein Auge haftete dabei auch nicht auf dem Redenden, sondern schweifte durch das Fenster hinaus, nach dem weiten Horizont des Meeres hinüber, und wunderliche Bilder waren es, die vor seinem inneren Blick heraufstiegen. Nur als Hewes schwieg, drehte er ihm langsam sein Antlitz zu und sagte leise:

„Und sind Sie glücklich in Jennys Besitz geworden?"

Die Frage kam so plötzlich, daß Mr. Hewes mit der Ant-wort fast in Verlegenheit gerieth, endlich sagte er:

„Ich? — allerdings — gewiß — das Einzige, was mich
7*

jetzt mit Sorge und Schmerz erfüllt, lieber Halay, ist das
nur durch einen unglücklichen Zufall in Besitz eines Wesens gekommen zu sein, das einst Ihr ganzes Glück ausmachte und
ebenso nur in Ihnen sein Glück zu finden schien."

„Mr. Hewes!"

„Ich gebe Ihnen mein Wort — ich fühle mich innig dadurch
betrübt und — würde kein Opfer scheuen, es zu redressiren.
Prüfen Sie sich selber, — bitten Sie Jenny darum, sich zu
prüfen, und — so auffallend ein solcher Schritt auch in den
Augen der Welt erscheinen möchte — ich würde ihn lieber thun,
als eine ganze Lebenszeit hindurch den Vorwurf mit mir herum-
zutragen, das Glück zweier braver Menschen — wenn auch un-
bewußt und wissentlich unschuldig — gestört zu haben."

„Ich verstehe Sie nicht," sagte George erstaunt.

„Ich erkläre Ihnen denn hiermit," erwiderte Mr. Hewes,
„daß ich mich — einem so eigenthümlichen Fall gegenüber und
als Ehrenmann — selbst dazu entschließen würde, zurückzutreten
und in eine Scheidung zu willigen, falls Jenny, sobald sie den
wahren Thatbestand erfährt, bereuen sollte, mir ihre Hand gegeben und Ihnen ihr Wort gebrochen zu haben. — Ich kann
nicht mehr thun, thue das aber, weil ich es für meine Pflicht
erkenne, wohl mit schwerem, doch auch freudigem Herzen.
Sprechen Sie selber mit meiner Frau — ich setze volles Vertrauen in Sie, keinen unredlichen Vortheil dabei zu gebrauchen,
und wie sich Jenny entscheidet, ich füge mich ihrem Ausspruch."

Es war ein merkwürdiges Gemisch von Gefühlen, das in
diesem Augenblick Georges Herz bestürmte. Er sah halb staunend,
halb zweifelnd den Sprechenden, der erregt vor ihm stand, an
und unterbrach ihn mit keiner Silbe, mit keinem Laut. Endlich,
als Jener schon lange schwieg, sagte er:

„Mr. Hewes, das ist allerdings mehr, als ein Mann von
einem anderen verlangen könnte. Man kann nicht gut edler und
großmüthiger handeln, aber die Sache ist zu delikat, um rasch
darin selbst nur zu einem Ueberlegen, — viel weniger zu einem

Entschluß zu kommen. Lassen Sie mir Zeit, — gönnen Sie sich
selber Zeit, das Gesagte, das indessen zwischen Mann und Mann
bleibt — noch einmal zu überdenken. Ich bitte Sie indessen,
Ihrer Frau Gemahlin nur einfach mitzutheilen, auf welche
Weise ich damals von ihrer Seite gerissen wurde, — sie müßte
mich ja sonst für einen Schurken halten und das — wäre mir
jedenfalls schmerzlich."

„Verlassen Sie sich darauf, daß ich es thue," sagte Hewes,
— „wenn auch" setzte er überlegend hinzu, vollendete aber den
Satz nicht, — „Sie haben Recht," fuhr er dann fort, — „das
muß vor allen Dingen geschehen und ich bin es Ihnen schuldig —
Apropos, wie steht es mit Ihrer Kasse?"

„Ich habe vom Freund Burton geborgt," lächelte Halay.

Der Gesandte ging zu seinem Pult, nahm dort eine Rolle
mit 50 Pfd. St. heraus und sagte, das dem jungen Mann
reichend:

„So, reguliren Sie indessen damit Ihre Verbindlichkeiten,
— wir berechnen uns dann später, ehe Sie Chile wieder verlassen. Wann sehe ich Sie wieder?"

„Morgen früh, wenn es Ihnen recht ist."

„Essen Sie bei uns."

„Mr. Hewes, ich fürchte, das würde für Alle peinlich sein.
Ich erkenne dankend Ihre Güte an, aber bitte, — entschuldigen
Sie mich —"

„Nun gut, — wie Sie wollen, — Sie sollen nicht genirt
sein, also auf morgen; ich habe jetzt ein solches Packet Schriften
zu erledigen und — möchte dann doch auch mit Jenny sprechen."

George verließ ihn, wie in einem Traum. Das hier waren die
nämlichen Räume, in denen Jenny wandelte, — dasselbe Dach
deckte sie und ihn und doch wie fern standen sich Beide jetzt,
während der Vorschlag des Mannes — der Kopf wirbelte ihm,
wenn er das Alles überdachte.

Als er die Treppe hinunter stieg, um Burtons Zimmer
wieder aufzusuchen, sah er gerade, daß eine junge Dame dasselbe

verließ und sich ebenfalls dem Aufgang zuwandte, — er mußte
mit ihr an den unteren Stufen zusammentreffen. War das
Jenny? — nein, diese hatte noch kurz vorher ein rauschendes
Seidenkleid getragen, und das junge Mädchen vor ihm war auf
das Aeußerste einfach, wenn auch sehr geschmackvoll gekleidet.
Er wollte ihr an der letzten Stufe ausweichen, als er ihr bleiches,
schüchtern von ihm abgedrehtes Antlitz und ihre verweinten Augen
sah und auch rasch erkannte.

„Alice!" rief er, indem er neben ihr stehen blieb und die
Hand nach ihr ausstreckte — „kennen Sie mich nicht mehr?"

Das junge Mädchen sah scheu und erschreckt zu ihm auf
und der Ausdruck in ihren Zügen milderte sich nicht, als sie
sah, daß George Halay vor ihr stand. Sie wagte nicht ein=
mal, ihm die Hand zu reichen, und rief mit fast angst gepreßter
Stimme aus:

„Mr. Halay! — Um Gottes willen, woher kommen Sie
und wie in dieses Haus? Wissen Sie denn, daß —"

„Ich weiß Alles," sagte George herzlich, indem er ohne
Weiteres des Mädchens Hand nahm und streichelte — „mehr
vielleicht, mein armes Kind, als Sie ahnen. Aber Ihnen bin
ich vor allen Dingen Rechenschaft schuldig. So hören Sie denn:
Nicht freiwillig verließ ich New=York. Ich wurde von einem
Wallfischfänger als Matrose gepreßt, und erst vor wenigen Tagen
gelang es mir dem, hier in der Nähe, zu entfliehen. Ich weiß
außerdem, daß Miß Wood jetzt Mrs. Hewes ist und hier
im Hause mit ihrem Gatten wohnt — ich habe sie sogar
gesehen."

„Ich begreife das alles nicht," stöhnte das arme Kind.

„Sie werden es später begreifen," sagte George freundlich,
„wenn Sie die Einzelheiten erfahren; aber jetzt lassen Sie uns
von Ihnen reden. — Ich weiß Alles," unterbrach er sie, als er
den schmerzlichen Ausdruck in den Zügen der Jungfrau las —
„Burton hat mir von dem schweren Schicksal erzählt, das erst
Ihre Eltern und dann Sie betroffen. Aber sagen Sie mir

Alice, Sie wissen, wie lieb Sie meine Eltern hatten — weshalb
wandten Sie sich nicht an meinen Vater, ehe Sie sich entschlossen,
die Heimath in solchen Verhältnissen zu verlassen?"

„Weshalb, Mr. Halay?" sagte Alice scheu, indem sie ihre
Hand wieder entzog — „ich bin alt und kräftig genug, um mir
selber durch das Leben zu helfen, und mochte nicht einer Familie
zur Last fallen, in der ich bis dahin wie ein Kind vom Hause
behandelt worden."

„Und wußten meine Eltern, daß Sie mit Hewes nach Valparaiso gingen? Haben Sie mit ihnen darüber gesprochen?"

„Nein," sagte Alice leise und kaum hörbar. „Ich nahm
die erste Hilfe an, die sich mir bot; ich sehnte mich darnach, mir
mein Brod selber zu verdienen."

„Und wenn es unter Thränen wäre?"

„Und wenn es unter Thränen wäre," hauchte das junge
Mädchen und ihr Antlitz wurde wo möglich noch bleicher als es
schon war.

George schwieg und sah mitleidsvoll auf das blonde Haupt
des armen Kindes nieder, das, noch so jung in die Welt hin-
ausgestoßen, schon so Schweres zu ertragen hatte. Alice aber,
der das Gespräch peinlich sein mochte, sagte leise:

„Und wissen Ihre Eltern, daß Sie leben, Mr. Halay? Oh,
sie haben sich so um Sie gesorgt!"

„Sie wissen es noch nicht, Alice — der nächste Dampfer
bringt ihnen erst die Nachricht — und dann auch wahrscheinlich
gleich mich selber mit. Wir haben uns so lange auf offener See
herumgetrieben, daß ich keine Möglichkeit fand, ihnen einen Brief
zu senden."

„Und die furchtbar lange Zeit, die indeß vergangen ist!
Sie haben Sie schon lange als todt betrauert."

„Desto größer wird die Freude sein, wenn ich zu ihnen
zurückkehre."

„Sie gehen mit dem nächsten Dampfer?"

„Ich hoffe es — ja —"

„Alice — Alice — hörst Du nicht? wo steckst Du wieder?" rief Jenny's Stimme von oben heftig nieder.

„Leben Sie wohl," flüsterte das junge Mädchen und flog mehr als sie ging, ehe George sie daran verhindern konnte, die Stufen hinauf. George aber, sich abwendend, schritt vor sich hin mit dem Kopf schüttelnd in Burton's Zimmer hinüber.

Alice.

Den jungen Burton fand George übrigens in heftiger Aufregung, wie er mit fest untergeschlagenen Armen, den Kopf dabei gesenkt, in seinem Zimmer auf und ab lief. Als sich die Thür öffnete und er George erkannte, blieb er stehen und sagte finster und bestimmt:

„Das geht nicht länger, George; das geht bei Gott nicht länger und eine Aenderung muß getroffen werden."

„In was, Dick?"

„In der Stellung der armen Alice," rief Burton. „Sie war eben hier unten bei mir. Bis jetzt behandelte sie schon unsere junge Dame auf das Empörendste, heute aber scheint der Teufel ganz in sie gefahren zu sein und sie hat das arme Kind vor etwa einer halben Stunde, als die Sennora eben ihren Gatten begrüßt hatte, sogar mißhandelt."

„In der That?" sagte George und ein helles Lächeln lag zum ersten Mal wieder nach langer Zeit auf seinen Zügen.

„Und Du lachst darüber?" rief Burton erstaunt, „während es mir selber, dem sie doch vollkommen fremd ist, die Thränen in die Augen jagt!"

„Und was wollte sie bei Dir?"

„Ich hatte ihr schon vor einiger Zeit Hoffnung gemacht, sie in einer chilenischen Familie unterzubringen. Sie kam jetzt, mir zu sagen, daß ich mich nicht weiter deshalb bemühen solle, da sie die Zeit dazu unmöglich abwarten könne.“

„Und was will sie thun?“ rief George rasch.

„In einen gewöhnlichen Dienst gehen. Sie erklärte mir, daß sie diese Behandlung nicht länger ertragen könne, heute aber habe sie in der Zeitung gelesen, daß eine deutsche Familie hier ein Stubenmädchen suche, das auch mit Kindern umzugehen wisse, und sie sei jetzt fest entschlossen, die Stelle anzunehmen. — Aber, George, um Gottes willen, was hast Du nur? Die Sache ist doch wahrhaftig nicht zum Lachen! Hast Du denn kein Herz?“

„Weißt Du, Dick,“ sagte George, ohne die Frage vor der Hand zu beantworten, „wer daran schuld ist, daß Alice heute so schlecht behandelt wurde?“

„Wer? — nur die Laune dieses kleinen Teufels.“

George schüttelte mit dem Kopf. „Fehlgeschossen -- ich war es —“

„Du?“

„Du erinnerst Dich doch, daß ich Dir erzählte, wie ich zwei Tage vor meiner Trauung von New-York entführt wurde und die Geliebte keine Ahnung haben konnte, was aus mir geworden?“

„Allerdings -- und nun?“

„Weißt Du, wer diese Geliebte war?“

„Amigo, ich kenne fast Niemand in New-York.“

„Mrs. Hewes.“

„Alle Teufel!“ rief Burton emporfahrend — „und sie hat Dich gesehen?“

„Allerdings; in Mr. Hewes' Zimmer.“

„Und das war Deine Braut, George? Mr. Hewes' jetzige Gattin?“

„Mr. Hewes' jetzige Gattin.“

„Heiliger Gott, Mensch,“ rief aber jetzt der junge Mann aus, „hast Du ein Glück! Wird von einem Preßgang aufgegriffen und in See — vollkommen aus Bereich gebracht, und kommt nachher hierher, läuft wie ein vor den Kopf Geschlagener und Verzweifelter umher, bleich und hohlwangig, und ist nicht mit der Frau verheirathet! Wenn Du noch einen Funken gesunden Menschenverstands in Deinem Hirn hast, so fall' jetzt auf die Kniee nieder und danke dem lieben Gott fußfällig, daß er Dir seine Schutzengel in Matrosenjacken geschickt hat, — und wenn Du hättest zwanzig Wallfische mit auskochen helfen, das wäre nicht zu theuer damit bezahlt gewesen. Aber wie ist mir denn? wie lange bist Du von New-York fort?"

„Etwas über sechs Monate."

„Und die Hochzeit sollte in den nächsten Tagen sein?"

„Allerdings."

„Dann ist es ja gar nicht möglich, denn fast so lange ist ja Mr. Hewes schon ihr Gatte, und sie müßte ihn dann unmittelbar nach Deinem Verschwinden geheirathet haben!"

„Das hat sie auch — aus gekränktem Stolz und beleidigter Weiblichkeit — der verfehlten Hochzeit wegen —"

Burton pfiff zwischen den Zähnen durch. — „Merkwürdig! Wunderbar! Man sollte es wirklich nicht für denkbar halten! — Und Ihr Beide müßt Euch jetzt hier, am stillen Ocean, wiederfinden! — Aber sie scheint ihrer Laune nach von Deinem Wiedersehen nicht besonders erbaut zu sein. Wurde Hewes nicht eifersüchtig?"

George zögerte mit der Antwort. „Nein," sagte er endlich, „unsere Zusammenkunft war auch nachher nur eine kurze und es wurden nur wenige Worte gewechselt. Die Dame glaubt noch, daß ich sie wirklich böslich und im Zorn verlassen habe."

„Und wenn sie das Gegentheil erfährt?"

„An der Sache ist nichts mehr zu ändern und ich bin jetzt zu einem Entschluß gekommen."

„Darf ich ihn wissen?"

„Heute noch nicht, Dick, aber vielleicht schon morgen sollst Du Alles erfahren. Und was wird jetzt mit Alice?"

„Ich weiß es bei Gott nicht," rief Burton — „ich mag und kann die Chilenen nicht drängen, darf aber auch das arme Kind nicht tadeln, daß sie dieser Hölle zu entgehen sucht."

„Aber leidet Mr. Hewes solche Behandlung einer Amerikanerin?"

„Leidet er sie? Was will er gegen die Frau machen! Er ist froh, wenn er mit ihr in Frieden lebt. Aber sage mir nur um Gottes willen, was Du hast, George? Die ganze Zeit über war es vollkommen unmöglich, Dir auch nur ein Lächeln abzulocken, und heute strahlt Dein ganzes Gesicht von Vergnügen, so daß nicht einmal das Schicksal der armen Waise Dich ein klein wenig ernster stimmen kann. Ich begreife Dich nicht."

„Bester Freund," lachte George, „ich habe, wie Du Dir denken kannst, den Kopf voll eigener Gedanken und Pläne — und zwar so voll, daß gar nichts Anderes mehr dazu hineingeht; Du darfst Dich also nicht darüber wundern, doch betrübt mich das Schicksal des armen Mädchens selber, und sobald ich mit meiner Sache in Ordnung bin, wollen wir überlegen, was sich für sie thun läßt. Vielleicht wäre es am besten, sie wieder nach Newyork zu schicken."

„Ich glaube nicht, daß sie geht," sagte Burton, „denn gerade dem dortigen Aufenthalt wollte sie ja entfliehen."

„Das kommt auf einen Versuch an," sagte George; „sie kann sich doch nicht hier ihre ganze Lebenszeit unter fremden Menschen herumtreiben. Doch jetzt, Burton, laß uns erst einmal abrechnen. Ich habe von Mr. Hewes einen Vorschuß erhalten und möchte vor allen Dingen, und um nur nach einer Seite hin Verpflichtungen zu behalten, mit Dir in's Gleiche kommen. Du bist heute wohl beschäftigt?"

„Heute sehr — durch Mr. Hewes' Abwesenheit sind eine Menge von Restanten geblieben, die erledigt sein wollen, und für den nächsten Dampfer haben wir auch noch viel zu thun; aber um fünf Uhr stehe ich Dir vollkommen zu Diensten, denn

— 108 —

von da ab wird nicht mehr gearbeitet. Wir essen dann wieder
zusammen, wie? . . . .

„Gewiß; und die Zeit bis dahin werde ich benützen, um
einen Spaziergang zu machen und dabei meinen Gedanken ein
wenig Audienz zu geben. Es ist nothwendig, daß ich über viele
Dinge mit mir in's Klare komme. Also auf Wiedersehen! Um
fünf Uhr hol' ich Dich hier ab.“

George wanderte hinaus, durch die Stadt und an der See
hin immer nach Süden zu, und stieg dann den steilen Hang
hinauf, der zum Leuchtthurm führte. Viel des Neuen begegnete
ihm hier; das fremdartige Volk mit seiner wunderlichen Landes-
tracht, mit dem kurzen Poncho und der kokett geworfenen Man-
tilla, das sonderbare Reitzeug der Pferde mit den riesigen Steig-
bügeln und Sporen, die ganze fremde Welt — aber er hatte
kaum einen Blick dafür, denn zuviel des Neuen erfüllte ihm den
eigenen Kopf, das eigene Herz, und das Alles mußte er erst
sichten, um sich selber klar zu werden. Aber die trüben Falten
waren von seiner Stirn gewichen, und als er die Höhe des
Leuchtthurms endlich erreicht hatte, sich dort vorn auf die Kuppe
und auf den mit kurzem Rasen bedeckten Boden warf und sein
Blick hinausflog über das weite blaue Meer, auf dem nur hie
und da einzelne weiße, lichte Segel funkelten, da lag eine stille
Heiterkeit auf seinen Zügen und sein Auge bohrte sich nicht
mehr grübelnd in den Boden, sondern haftete frei und voll an
dem blauen Meer und dem sonnigen Himmel.

So lag er stundenlang dort oben, und als er dann endlich
in die Stadt zurückkehrte, geschah das mit leichtem, elastischem
Schritt; und jetzt auch gab er sich ganz dem Genuß all' der
neuen und frischen Eindrücke hin, die sich ihm hier, wohin er
auch schaute, boten.

In der Stadt wieder angekommen, durch welche er nur
langsam seine Bahn fortsetzte, überholte ihn eine junge Dame,
die rascher an ihm vorüberschritt, als er selber ging; wie er ihr

aber die Augen zuwandte, erkannte er Alice Morhouse, die, ein ziemlich schweres Packet im Arm, an ihm vorbeiwollte.

„Miß Morhouse," sagte er erstaunt — „wohin wollen Sie mit der Last?"

Alice wurde blutroth bei der Anrede, aber ihr Schritt zögerte trotzdem und sie erwiderte: „Nach Hause, Sir — es sind Kleider für die Lady."

„In der That? und haben Sie keinen Diener im Hause, der das tragen konnte? Bitte, erlauben Sie mir," und er griff nach dem Packet, um es ihr abzunehmen. Alice weigerte sich, es ihm zu überlassen.

„Erinnern Sie sich noch, Alice," sagte er da, ohne das Packet loszulassen, „daß ich früher, wenn Sie meine Schwestern besuchten, immer Ihr Kavalier war und Sie oft nach Hause begleitet und Ihnen Ihre Arbeit getragen habe?"

„Wir waren damals Kinder, Mr. Halay," sagte das junge Mädchen scheu.

„Und wie wir uns damals immer unsere Träume erzählten? — Wissen Sie, daß es mir jetzt fast so zu Muthe ist, als ob wir noch Kinder wären, aber beide recht schwer geträumt hätten und nun auch einander erzählen müßten, was uns in der ganzen langen Zeit geschehen? Bitte, überlassen Sie mir nur das Packet; ich gebe es doch nicht wieder frei."

Alice mußte ihm, wenn auch ungern, seinen Willen lassen und George setzte nach einer kleinen Pause, in der sie wieder langsam neben einander hinschritten, hinzu: „Merkwürdig doch, daß wir uns jetzt hier wiederfinden müssen und Beide — etwas mehr oder weniger unfreiwillig. Glauben Sie an Schick= alsfügungen, Alice?"

„Ich glaube an ein schweres Schicksal, das uns Beide betroffen," antwortete das junge Mädchen leise; „Beide — wenn auch in verschiedener Weise — aber wir müssen uns ihm beugen."

„Ganz meine Meinung," nickte George lächelnd — „es
wird uns eben nichts Anderes übrig bleiben."

Alice sah erstaunt zu ihm auf. Sie hatte ihre Antwort
wahrlich nicht im Scherz gemeint — und konnte er darüber
scherzen? George aber fuhr nach einer kleinen Weile fort:

„Und gedenken Sie noch gern jener Zeit, Alice, wo wir
als Kinder zusammen spielten? Ich war damals, glaube ich,
ein recht wilder Junge."

„Du lieber Gott," sagte das junge Mädchen, „die Erinnerung ist ja Alles, was mir noch geblieben, und davon muß
ich zehren."

„Und von der Hoffnung —"

Die Jungfrau schüttelte leise mit dem Kopf.

„Nicht von der Hoffnung, Alice?" rief aber George lebhaft.
„Ist die nicht die Einzige, die uns den Muth giebt, den Kopf
oben zu behalten, und glauben Sie, daß ich mich, als ich mich
an Bord in so furchtbarer Lage befand, nicht augenblicklich in
das Meer gestürzt hätte, um einem solchen Leben ein Ende zu
machen, wenn mich die Hoffnung nicht zurückgehalten?"

„Sie sind ein Mann und wußten, daß Ihre Leiden einmal
wieder ein Ende nehmen mußten," sagte das arme Kind —
„Sie konnten auch handeln; wir armen Frauen sind nur zum
Dulden bestimmt."

„Alle?" sagte George, und wieder zogen sich seine Lippen
zu einem Lächeln zusammen — „auch Mrs. Hewes?"

Alice schwieg — ein wehes Gefühl zuckte ihr durch's Herz
— es war die Erwähnung des Namens und gerade von
George's Lippen, aber sie erwiederte nichts, bis sie sich ihrer
Wohnung näherten. Jetzt bat sie mit einem leise gestammelten
Dank ihren Begleiter, ihr das Packet wieder zu geben, aber er
ließ es ihr noch immer nicht — „Bis wir im Hause sind, Miß,"
sagte er kopfschüttelnd — „nicht eher. Dann werde ich es einem
der Diener übergeben."

„Aber ich habe Unannehmlichkeiten dadurch, Mr. Halay."

„In der That? Ist Mrs. Hewes wirklich so rücksichtslos?"

„Ich sage das nicht."

„Gut, Alice," nickte George, indem er ihr das Packet reichte, „ich möchte nicht die Ursache sein, Ihnen eine trübe Minute zu bereiten. — Doch noch Eins. Ich gehe in kurzer Zeit nach New-York zurück. Haben Sie dorthin irgend welchen Auftrag für mich?"

Alice schüttelte mit dem Kopf. „Wenn Sie Ihre Eltern — Ihre Schwestern von mir grüßen wollen. Es sind vielleicht die Einzigen, die sich meiner noch erinnern."

„Ich werde es ausrichten," sagte George, lüftete den Hut und schritt dann wieder die Straße zurück, die er eben gekommen.

Den Abend verbrachte er mit Burton, ohne sich jedoch weiter über seine nächsten Pläne auszusprechen. Am andern Morgen hatte er eine längere Unterredung mit dem Gesandten, worin er aber ihr früheres Gespräch nicht wieder berührte. Mr. Hewes sagte ihm allerdings, daß er seiner Frau die Ursache seines Verschwindens mitgetheilt, diese aber scheine der Erzählung keinen Glauben beizumessen, denn da „Mr. Halay" seine gewöhnliche Kleidung sorgsam eingepackt nach Hause geschickt habe, so liefere das doch, wie sie meinte, den fast zu deutlichen Beweis, daß er eine Reise in einer Verkleidung voraus beabsichtigt habe. Wie dem aber auch sei — es könne ihr jetzt vollkommen gleichgiltig sein und lohne sich nicht der Mühe, weiter darüber zu sprechen.

Noch während er sich bei Mr. Hewes befand, brachte Burton die Nachricht, daß der Dampfer, vom Norden kommend, in Sicht sei und etwa in einer Stunde einlaufen würde. Drei Tage, manchmal auch vier, hielt er sich gewöhnlich in Valparaiso auf und nahm dann die europäische und amerikanische Post wieder nach dem Norden.

Unten vor dem Hause hielten ein paar Peons die für Mr. und Mrs. Hewes zum Ausreiten gesattelten Pferde bereit.

Als es der Diener brinnen melbete, empfahl sich George, um Jenny nicht noch einmal zu begegnen, unb trat inbeffen unten zu Burton in bie Office. Er war aber heute viel schweigsamer unb ernster als gestern, unb als Burton ihn beßhalb frug, sagte er ausweichenb:

„Mir liegt noch etwas ob zu thun, Dick, was mich auf bem Herzen brückt. Die arme Alice hier im Haufe thut mir leib — sie war ben Meinen so befreunbet —"

„Versuche nur um Gottes willen nicht, ihr Gelb zu bieten," sagte Burton rasch — „ich machte einmal eine nur ganz entfernte Anbeutung bahin unb hätte es beinah' auf immer mit ihr verborben. In ber Hinsicht hat sie noch immer ben alten Stolz — aber auch nur in ber — setzte er wehmüthig hinzu, „benn sie ist heute Morgen ganz früh, als bie Laby noch schlief, richtig bei ben Deutschen gewesen, um bort in Dienst zu treten. Ich traf sie zufällig, als sie nach Haufe kam; sie hat bie Stelle angenommen unb wirb in wenigen Tagen bas Haus verlaffen."

„Armes Mädchen!" sagte George, „aber ich habe ihr trotzbem einen Vorschlag zu machen, ber ihre Lage — wenn sie ihn annimmt — milbern muß — unb sie kann ihn annehmen, ohne ihrem Stolz babei etwas zu vergeben."

„Unb ber wäre?"

„Laß mich bie Sache erst mit Alice besprechen, nachher sollst Du uns Deinen Rath geben. Ich glaube, ber paffenbe Moment würbe gerabe jetzt sein, sie aufzusuchen, — was meinst Du?"

„Ihr seib wenigstens jetzt ungestört. Du wirst sie auf ihrem Zimmer finben."

„Unb wo ist bas?"

„Gleich wenn Du bie zweite Treppe hinaufkommst, bie Thür, auf welche Du zugehst."

„Die zweite Treppe? Das ist ja unter bem Dach!"

„Die übrigen Räume im Haufe werben zu Gesellschaftszimmern gebraucht," sagte Burton achselzuckenb. „Ich glaube auch wirklich selber, daß sie sich als Stubenmädchene iner braven deutschen Frau wohler befinden wird als hier als Gesellschafterin der Mr. Hewes. — George, wenn das Deine Frau geworden wäre, Du hättest Dein Lebenlang keinen frohen Tag mehr gesehen!"

„Und war es nicht vielleicht auch mit Hewes' Schuld, daß sie so geworden?"

„Zum Theil vielleicht, aber sie ist ein Drache im Ganzen, und der kann wohl ein wenig untengehalten, aber nie vollkommen gezähmt werden. Aber was ist Dir, George? — fühlst Du Dich unwohl? — Du bist plötzlich so blaß geworden."

„Mir? — Nichts," lachte der junge Mann, „ein wenig vielleicht; aber Du kannst Dir denken, daß es mir doch nicht so ganz gleichgiltig sein kann, mit Mrs. Hewes jetzt so unter Einem Dach zu sein. Ich habe sie so heiß geliebt — doch das ist jetzt vorbei und die Vernunft trägt schließlich den Sieg über das Herz davon. Also auf Wiedersehen. Wenn ich herunter komme, spreche ich wieder bei Dir vor."

Er stieg langsam die Treppe hinauf. Oben in der ersten Etage sah ihn einer der weiblichen Dienstboten und wollte ihn abweisen, die Herrschaft sei nicht zu Hause. Er suchte ihr begreiflich zu machen, daß er die junge Lady zu sprechen wünsche, die Chilenin verstand ihn aber nicht, und ohne sich länger mit ihr aufzuhalten, verfolgte er seinen Weg, wobei ihm das Mäbchen verwundert nachsah.

Oben an der Thüre angelangt, blieb er einen Moment stehen; er war sehr langsam gegangen, aber doch etwas außer Athem — endlich klopfte er an, ein leises „Entra" antwortete, und als er die Thür öffnete, sah er Alice, den Kopf in die Hand gestützt, an dem niederen, kaum zwei Fuß hohen Erkerfenster sitzen, während das Tuch in der Hand und die gerötheten Augen zu deutlich verriethen, in welcher Stimmung sie sich befand. Jedenfalls hatte sie auch geglaubt, daß nur einer der Dienstleute bei ihr eintreten wolle, denn wer Anderes suchte sie auf! Sie drehte langsam ihr Antlitz der Thüre zu, fuhr aber erschreckt von ihrem Stuhl empor, als sie George erkannte.

„Mr. Halay — um Gottes willen," rief sie aus, „was führt Sie zu mir und in dieses Zimmer?"

„Entschuldigen Sie mich, Miß Morhouse," sagte George freundlich, die vertrauliche Anrede Alice aber nicht mehr gebrauchend — „der Dampfer ist in Sicht — nur kurze Zeit noch bin ich in Valparaiso, und ehe ich die Stadt wieder verlasse, möchte ich noch etwas mit Ihnen besprechen. Das nur zwang mich zu diesem ungewöhnlichen Schritt. Gestatten Sie mir wenige Minuten Gehör."

Alice, kaum im Stande, auch nur ein Wort zu äußern, deutete schweigend auf den Stuhl, der vor ihrem Bette stand — das Zimmer war so eng, daß sich zwei Personen kaum darin bewegen und er selber nicht mehr als aufrecht darin stehen konnte. Er nahm den Stuhl, stellte seinen Hut auf das Bett und sagte dann herzlich:

„Miß Morhouse, zürnen Sie mir nicht, daß ich mich über alle Verhältnisse, hier in Valparaiso sowohl als in New-York, genau unterrichtet habe. Ich darf auch nicht fürchten, daß Sie es nur einfacher Neugier zuschreiben — wir sind dafür zu alte Freunde und unsere Eltern waren es von je. Ich kehre jetzt nach New-York zurück, aber ich weiß im Voraus, daß meine Mutter wie Geschwister außer sich sein würden, wenn sie erführen, in welcher Lage ich Sie hier verlassen hätte —"

„Mr. Halay!" rief das junge Mädchen bestürzt.

„Bitte, lassen Sie mich vollenden," bat George. „Was mich selber betrifft, so brauche ich Ihnen kein Wort über mich zu sagen. Wir waren Jugendgespielen und Sie kennen mich. Durch jenen wunderlichen Zufall wurde ich dabei auf kurze Zeit aus meiner Carrière gerissen und hielt mich damals für den unglücklichsten Menschen der Welt. Unerforschlich sind aber Gottes Wege, und während wir manchmal glauben, daß uns das Unglück nur zu einem Spielball ausersehen, hält das Glück schon

lächelnd keine Pforte offen. Ich hatte Jenny damals eigentlich
gar nicht gekannt nnd sie nur im Salon, in Gesellschaften und
im höchsten Glanz, mit jedem kaum gedachten Wunsch befriedigt,
gesehen; nie war mir ein tieferer Einblick in ihr Herz gestattet
gewesen, und von ihren Reizen bezaubert, ahnte ich — den kleinen
Teufel nicht, der in ihr schlummerte. Was Mr. Hewes verbrochen hat," fuhr er lächelnd fort, „daß er an meiner Statt
den Kelch leeren mußte, weiß ich nicht — ich habe nämlich den
festen Glauben, Miß, daß jede schlechte Handlung sowohl wie
jede edle schon hier auf Erden ihre Strafe oder Belohnung mit
sich trägt. Ich selber wurde davor bewahrt, und wo ich hier in
ein fremdes Land zu kommen glaubte, fand ich alte Freunde
wieder und segne jetzt die Stunde, in der mich damals schlechtes
Gesindel um wenige Dollar auf ein Schiff verkaufte."

Alice hatte ihm mit der größten Spannung zugehört, aber
sie begriff nicht, was das Alles mit ihr zu thun habe, oder wie
es sie betreffen könne. War George zu ihr gekommen, um ihr
eine Unterstützung anzubieten? Alles deutete darauf hin, denn
er scheute sich selber, den Gegenstand zu berühren, aber sie wäre
eher gestorben, ehe sie es angenommen hätte. George schien auch
wirklich nicht recht zu wissen, wie er fortfahren solle; er zupfte
an seinem Handschuh und sah verlegen vor sich nieder. Endlich
fuhr er aber mit leiserer Stimme, fort:

„Liebes Fräulein, ich bin jetzt eben im Begriff, heimzukehren;
ich habe meinen Eltern — wenn auch selber unschuldig daran —
doch viele Sorge gemacht — ich — möchte ihnen jetzt gern dafür
eine recht große Freude bereiten. — Helfen Sie mir dabei."

„Ich? — aber wie?" sagte Alice, staunend zu ihm aufsehend.

„Wissen Sie", fuhr Georg verlegen lächelnd fort — „als
wir noch junges Volk waren, und einmal Eins vom Andern
etwas haben wollten, dann ließen wir uns immer vorher versprechen, daß der Andere nicht nein sagen, sondern es thun würde."

„Wir sind aber keine Kinder mehr, Mr. Halay," sagte Alice,

8*

wohl freundlich aber doch beengt, „ein voreiliges Versprechen
würde ich deshalb nie geben."

„Sie haben Recht!" rief da George, plötzlich von seinem
Stuhl aufspringend — „ich selber bin nur noch wie ein Kind,
und noch dazu wie ein recht großes — Miß Morhause — Alice!
wir sind mit einander, ich kann wohl sagen, aufgezogen und
haben uns immer lieb gehabt; erst als wir größer wurden, sahen
wir uns seltener und wurden fremder gegen einander — aber
wir haben uns nie entfremdet. Ich selber gerieth in andere
Kreise und vergaß die Spielgefährtin — Rechnen Sie mir die
überstandene schwere Zeit als Strafe an, Alice — vergessen Sie
das Geschehene und — werden Sie mein Weib."

„Mr. Halay!" rief Alice, bleich von ihrem Stuhl empor-
springend — „ich glaubte nicht, daß Sie Ihren Spott mit mir
treiben könnten."

„Bei Gott nicht, Mädchen!" rief aber der junge Mann in
höchster Leidenschaft, indem er ihre Hand ergriff und festhielt.
„Hier lasse ich Sie nicht in diesem Jammer zurück, und ob Sie
mich auch abweisen, ich darf es nicht, schon der Meinigen wegen,
wenn nicht mein ganzes Herz an Ihnen hinge. Aber weisen Sie
mich auch nicht ab, Alice," setzte er leise bittend hinzu — „ich
habe die Hoffnung und den festen Willen, Sie glücklich zu machen,
und Ihnen die verlorenen Eltern zu ersetzen. Sind Sie mir
nicht ein klein wenig gut? Glauben Sie mir und vertrauen Sie,
daß ich halte, was ich verspreche?"

Alice wollte reden, aber sie vermochte es nicht. Der Ueber-
gang vom höchsten Elend zum höchsten Glück war zu rasch und
bewältigend gekommen, um darin ihre Fassung zu bewahren.
Ihr Antlitz wieder in den Händen bergend, sank sie auf ihren
Stuhl zurück und Thränen, heiße lindernde Thränen machten
dem gepreßten Herzen Luft. George aber war zu ihr getreten,
und mit schmeichelnder Stimme fuhr er fort:

„Sagen Sie mir nur ein Wort, Alice — ich habe Sie ja
nicht kränken wollen. Einfach wie meine Worte waren, ist deren

Meinung. Ich will Ihnen mein ganzes Leben ein treuer und wackerer Gatte sein, daß Sie den Schritt, den Sie gethan, nie bereuen sollen. Wollen Sie die Meine sein? Der Dampfer, der jetzt in die Bai einläuft, führt uns dann wieder der Heimath entgegen, wo Sie im Kreise der Meinen all Ihr Leid vergessen sollen, nnd mit wie offenen Armen werden Sie empfangen werden. Oh bitte, nur ein Wort Alice — Haben Sie mich gar nicht lieb?"

Da hielt sich aber auch das junge Mädchen nicht länger mehr. An die Brust des sich zu ihr Neigenden lehnte sie ihr Haupt, und unter Thränen lächelnd hauchte sie leise und kaum hörbar, während Georg sie umschlang und einen heißen Kuß auf ihre Stirn preßte.

„Oh recht von Herzen — recht von Herzen und — immer lieb gehabt."

Die beiden jungen Leute waren so mit einander beschäftigt gewesen, daß sie gar nicht gehört hatten, wie sich leise und vorsichtig hinter ihnen die Thür öffnete. Jetzt stand eine Dame im Reitkleid auf der Schwelle, und mit kalter, schneidender Stimme sagte sie:

„Eine würdige Beschäftigung, Mr. Halay, mit einer Kammerjungfer zu charmiren; Sie verleugnen doch Ihren Charakter nicht. Aber, Miß, ich muß bitten. —

„Gehen Sie nicht weiter Madame!" rief George, der sich rasch der Stimme zuwandte, indem er sich hoch und stolz emporrichtete: „Miß Morhouse ist meine Braut und wird Ihr Haus noch heute verlassen."

„Ihre Braut?" rief Jenny, wirklich erschreckt emporfahrend — „seit den wenigen Stunden?"

„Sie war wie ein Kind in unserem Hause," erwiederte George kalt, indem er das junge Mädchen, das sich rasch erhoben, fest und schützend an sich drückte, „und Gott selber hat mich ihr zugeführt, um sie aus dieser Lage zu befreien. Alice, packe Deine Sachen zusammen, mein Herz. Du sollst in dieser

Dachkammer keine Stunde länger bleiben, und ich werde Dich
einer wackeren Familie zuführen, bei der Du weilen kannst, bis
wir verbunden sind."

Jenny war leichenblaß geworden, und wie ein Marmorbild
stand sie, keiner Bewegung fähig, in der Thür; aber das dauerte
nur kurze Zeit. Jener böse häßliche Zug legte sich um ihre
Lippen, den George schon neulich, bei ihrem ersten Begegnen,
auch zum ersten Mal an ihr entdeckt, und sie sagte mit eisiger Kälte:

„Ich werde die Miß nicht aufhalten, oder ihrem — Glück
im Wege sein. Es wird," — sie wollte noch mehr sagen, aber
sie vermochte es nicht, denn sie hatte sich für stärker gehalten als
sie wirklich war. Zorn, Haß, Scham und Schmerz wühlten in
ihrer Brust; die Worte verquollen in ihrer Kehle, und sich rasch
abwendend verließ sie die Thür, stieg hinab in ihr eigenes Zimmer,
und schloß sich dort ein.

Aber George selber mochte Alice durch sein längeres Ver=
weilen, keiner weiteren Unannehmlichkeit aussetzen.

„Jetzt bist Du mein Weib, Alice," sagte er mit herzlicher
Stimme, indem er sie in seine Arme schloß und den ersten Kuß
auf ihre Lippen drückte, „und fest vereint wollen wir stehen,
unser ganzes Leben lang. Hier im Hause darfst Du aber auch
nicht länger bleiben, so nimm Deine Sachen zusammen, mein
süßes Lieb, und erwarte mich in etwa einer Stunde, die ich nur
brauche, um für Dich eine Stätte zu besorgen."

„George!" rief da Alice und umschlang ihn mit ihren
Armen — „mein George — träum' ich denn, oder ist das Wahr=
heit? Wirklichkeit?"

„Es ist Wahrheit und Wirklichkeit, mein halbes Leben,"
rief George, „und was wir Beide für unser größtes Leid hielten,
führt uns zur höchsten Seligkeit. Und nun abe, Schatz — wir
haben Beide jetzt entsetzlich viel zu thun, dann aber auch ein
ganzes Leben vor uns, um einander anzugehören. Gott sei mit
Dir — in einer Stunde bin ich wieder bei Dir."

In Frieden.

George stieg die Treppe hinab, und das Herz war ihm so froh und leicht, daß er hätte laut aufjubeln mögen, in aller Seligkeit — und trotzdem befand er sich einigermaßen in Verlegenheit, denn wo war denn die „wackere Familie", von der er Jenny gesagt, daß er seine Braut bei ihr unterbringen wolle? — Er kannte außer Burton keine Seele in der Stadt, aber Burton mußte da eben aushelfen; und wenn es bei einem amerikanischen oder deutschen Handwerker war, es blieb sich vollkommen gleich. Nur aus dem Bereich dieser jungen Megäre mußte er sie bringen, denn der traute er jetzt Alles zu — und doch that er dießmal Jenny Unrecht.

Als er die untere Treppe erreichte, sah er, daß sich die Thür der Office halb öffnete und Burton vorsichtig hervorsah. Aber nur erst als er den Freund erkannte, trat er heraus.

„Alle Wetter, George!" rief er — „ich hatte Sorge um Dich — die Sennora kam rascher zurück, als sich vermuthen ließ — ihr Pferd muß sich im Stall den Fuß vertreten haben, denn es lahmte schon beim Ausreiten — Du bist ihr doch nicht begegnet?"

„Allerdings, Dick," lachte George — „und gerade in einer ganz eigenthümlichen Situation — doch davon nachher. Komm, Du sollst mir Auskunft über irgend etwas geben."

Damit trat er mit in die Office hinein und fuhr, die Thür noch immer in der Hand, fort: „Kannst Du mir eine anständige, womöglich amerikanische Familie nennen, wo ich eine junge Dame auf einige Tage unterbringen kann?"

— „Eine junge Dame? — Miß Morhouse?"

„Allerdings — nur bis der Dampfer abgeht."

„Sie will nach New-York zurück?" sagte Burton erstaunt — „das begreife ich nicht."

„Das begreifst Du nicht?" erwiederte ganz ernsthaft George

— „Du verlangst doch nicht etwa, daß ich meine Frau hier in
Valparaiso lasse und allein nach Hause fahre?"

Burton antwortete ihm gar nicht. Er stand vor ihm mit
offenem Mund und offenen Augen, und starrte ihn an, als ob
er eben etwas ganz Unerhörtes vernommen. —
„Deine Frau?" sagte er endlich, während George ihn
lachend betrachtete — „Deine Frau? — Mensch, Du hast doch
nicht —"

„Um Alicens Hand angehalten und ihr Jawort erhalten?
Allerdings."

Burton ging zur Thür, öffnete sie und sah vorsichtig hinaus
und nach der Treppe zu; als er da aber die Luft rein fand,
schloß er sie wieder, griff das Lineal vom Pult auf und begann
jetzt mit dem gewöhnlichen „Hau! Hau! Hau hau hau!" einen
jener wilden Sioux=Kriegstänze in der ganzen Office herum,
wobei er mit eingeknickten Knieen das Lineal als Tomahawk in
der Hand schwang. Plötzlich aber, mitten in der Vorstellung,
brach er ab, schoß wie der Blitz an sein Schreibpult, warf
das Lineal hin und griff eine Feder auf. — Er hatte unmittelbar
vor der Thür einen Schritt gehört und mochte sich doch wohl
nicht vom Gesandten bei einer so excentrischen Leistung über=
raschen lassen. Aber die Schritte passirten vorüber, es war viel=
leicht nur einer der Diener gewesen, und Burton, nachdem er
seinem Uebermaß von Vergnügen durch den vorherigen ganz
außerordentlichen Tanz wie durch ein Ventil Luft gemacht, sprang
jetzt wieder auf George zu, und seine Hand ergreifend und sie
mit beiden Händen aus Leibeskräften schüttelnd rief er:

„George, alter Junge, das war brav gemacht, das war ein
grundguter, aber auch ein grundgescheidter Zug von Dir. Du
kriegst eine Prachtfrau, der Du Dich nirgends zu schämen brauchst,
und der armen Alice ist geholfen — aber — alle Wetter —
kam sie dazu? Ja? — Und was sagte sie?"

„Ich weiß es selber nicht, Dick," lächelte George — ich war
so selig in dem Augenblick. Ich glaube, sie sprach etwas von

„meinem Glück nicht im Wege stehen" und verließ sofort das Zimmer wieder. Aber — was ich vorher erwähnte — ich er= klärte ihr, daß ich Alice heute noch zu einer Familie bringen würde, und — ich weiß keine — ich bin ja vollkommen fremd hier in der Stadt."

„Das ist das Wenigste," rief nun Burton lebhaft — „nicht sechs Häuser von hier lebt ein Amerikaner mit seiner jungen Frau, der hier in einem Geschäft Buchhalter ist. Er hat bis jetzt ebenfalls eine junge Dame als Pensionärin im Hause gehabt, die aber vor etwa acht Tagen zu Land nach Constitucion zu einer Familie ging. Die Stube ist jetzt frei. Ich gebe Dir ein paar Zeilen für die Frau mit — der Mann ist noch in seinem Geschäft, und in wenigen Minuten hast Du Alles regulirt."

„Tausend Dank, Dick," rief George, während Burton schon die Zeilen auf das Papier warf — „wenn ich Dir nur einmal dienen könnte."

„Wird in ähnlicher Weise nicht gut gehen," lachte Burton, „denn das muß ich mir hier in Spanisch selber besorgen — aber vielleicht in anderer Art. Hier ist Dein Brief, und nun mach', daß Du fortkommst und Alles in Ordnung bringst. Hörst Du — da fällt eben der Schuß des Dampfers, und jetzt muß ich selber an Bord hinüber und unsere Depeschen in Empfang nehmen."

Das Alles war in der That bald geordnet und nur das Eine noch ein unangenehmer Gang für George, mit Mr. Hewes selber über seine beabsichtigte Verbindung zu sprechen, — was ihm dieser aber sehr erleichterte. Mr. Hewes schien allerdings anfangs etwas überrascht, aber dann auch selber erfreut, denn auch er hatte Alicens Eltern früher gekannt, und es konnte ihm nicht entgangen sein, wie die arme Waise in seinem Hause behandelt wurde, ohne daß er selber im Stande gewesen wäre, Abhilfe zu schaffen. Er ergriff des jungen Mannes Hand und sagte freundlich:

„Mr. Halay — ich — ich kann Ihnen nicht sagen, wie

leid es mir thut, daß Sie damals jener Unfall mit dem Schiff
betroffen, aber — es scheint sich ja noch Alles zum Besten für
Sie zu wenden. Der Trauung, wie den üblichen Formalitäten
steht nichts im Wege — ich werde selber Zeuge dabei sein, und was
Sie an Kasse brauchen, so bitte ich darüber zu verfügen. Ich
habe gerade eine bedeutende Zahlung nach New-York zu machen
und Ihr Wechsel regulirt dann augenblicklich unser Geschäft.
Apropos — weiß meine Frau schon darum?"

„Die Lady," sagte George und das Blut stieg ihm doch ein
wenig in die Schläfe, „kam gerade in Miß Morhouse's Zimmer,
als ich um sie geworben hatte."

„In der That?"

„Ich theilte ihr natürlich die Ursache mit, die mich dorthin
geführt."

„Hm? — sagte sie etwas? Ich — habe sie seitdem nicht
wiedergesehen."

„Einen etwas förmlichen Glückwunsch — weiter nichts. —"

Mr. Hewes nickte vor sich hin mit dem Kopf. — Seine
Frau wußte also davon und er brauchte es ihr nicht zu er-
öffnen. Das schien ihn zu beruhigen. Uebrigens wäre ihm dazu auch keine Gelegenheit geboten worden, denn Mrs. Hewes
befand sich unwohl auf ihrem Zimmer, ließ Niemanden vor und
kam nicht einmal zum Mittagessen herüber.

In der Stadt herrschte indeß ein reges Leben, denn die
Ankunft des Dampfers vom Norden her brachte Jedem Etwas:
Briefe oder doch wenigstens Zeitungen und Neuigkeiten aus der
Heimath. Gerade dadurch aber, daß Mr. Hewes sehr viel zu
thun hatte und Madame gar nicht zu sprechen war, bekam Alice
volle Ruhe, ihr geringes Eigenthum mit George's und einiger
Diener Hilfe in die benachbarte Wohnung zu schaffen. Noch an
demselben Tag verabredete George die Trauung mit dem englischen Geistlichen und setzte sie auf den nämlichen Tag an, an
welchem der Dampfer wieder — etwa vier Uhr Nachmittags —
Valparaiso verließ.

Jetzt erst schrieb George ausführlich nach Hause, denn er beabsichtigte nicht den nämlichen Dampfer auch zur Heimreise zu benützen, sondern wollte mit seiner jungen Frau zuerst einige Wochen in Peru oder vielmehr in Lima verbringen, dann Guajaquil besuchen, und seine Reise nachher, auch wieder mit einem Aufenthalt in Havana, fortsetzen.

Am Tag der Trauung endlich war das Gesandtschaftshotel geschlossen, denn Mr. Hewes sowohl als Burton nahmen daran Theil, und die junge Amerikanerin, bei welcher Alice die letzten Tage gewohnt, führte die Braut. Eine Anfrage aber bei Mrs. Hewes, ob sie sich von ihr verabschieden dürften, wurde verneinend beantwortet. Die Lady ließ sich entschuldigen, sie fühle sich nicht wohl und müsse das Bett hüten — und das war das Beste, denn ein Begegnen wäre für alle Theile nur peinlich gewesen.

Um vier Uhr pünktlich löste der Steamer sein Verbindungstau. Der Kanonenschuß, der alle Passagiere an Bord rief, war schon lange gefallen, Hewes und Burton waren noch an Bord und nahmen herzlichen Abschied von dem jungen Paar, als sich einer der Hausdiener aus dem Gesandtschaftshotel durch die Leute drängte und Mr. Burton erblickend auf diesen zueilte: —

„Mr. Burton — Sennora Hewes hat mir aufgetragen, dies an Sennorita Alice abzugeben, — ich weiß aber nicht, wo die Dame ist."

Burton nahm ihm das kleine Packet ab. Es enthielt die Aufschrift:

„Mrs. Alice Halay — erst nach Abgang des Dampfers zu öffnen."

„Und von wem kommt das?" frug der junge Mann erstaunt.

„Von der Sennora."

Burton schüttelte mit dem Kopf; der Auftrag war jedoch zu bestimmt, um ihn zu mißdeuten. Er reichte das Päckchen der jungen Frau, die es ebenfalls überrascht betrachtete — aber es blieb ihnen keine Zeit mehr — das letzte Signal ward eben mit der Glocke gegeben, daß sich alle Fremde an Bord in ihre Boote zurückziehen und dem Dampfer Raum geben sollten. Schon fingen die mächtigen Räder an zu arbeiten. Noch ein Hände= druck und ein herzlicher Wunsch und das Deck war geräumt — die Boote stießen ab — Tücher wurden geschwenkt, und wenige Minuten später glitt das stattliche Fahrzeug mit der lustig aus= wehenden englischen Flagge am Heck über die Bai hin in das offene Meer hinaus, und oben an Deck, sein junges liebliches Weib am Arm, stand George und schaute — oh mit welchen Gefühlen! — wieder auf das Meer nieder, das er vor wenigen Wochen — ja Tagen fast erst — in Verzweiflung geflohen.

„Und darf ich jetzt das Packet öffnen, George?" sagte Alice, die es bis jetzt noch immer in der Hand gehalten — „fast fürchte ich mich davor."

„Und weßhalb, Herz?" lächelte ihr Gatte — „öffne es ruhig — es ist ein letzter Gruß von da drüben."

Alice brach das Siegel auf und nahm das doppelte Papier ab. Es enthielt ein kleines, reizend gearbeitetes Maroquin= kästchen und — „Oh George!" rief Alice erschreckt, als sie es öffnete, denn ein prachtvoller Diamantschmuck funkelte ihr daraus entgegen — „und das von Mrs. Hewes?"

Neben dem Collier lag noch ein kleines flaches Papier, das George herausnahm und zu seinem Erstaunen den eigenen Namen darauf las — er öffnete es langsam und ein kleiner, ganz un= scheinbarer, fast werthloser Ring lag darin.

„Wie sonderbar!" sagte Alice, zu dem Gatten aufsehend — „hast Du ihr früher einmal den Ring geschenkt? Das ist doch kaum möglich!"

George hielt den Ring in der Hand und betrachtete ihn schweigend — er hatte die Frage seiner jungen Gattin kaum ge= hört oder verstanden. Endlich sagte er leise:

„Den Ring hat mir Jenny einst gezeigt — es war das letzte Geschenk ihrer seligen Mutter und ein Andenken aus

beren Jugendzeit. Damals versicherte sie mich, der Ring, ob=
gleich nur wenige Real an Werth, sei der theuerste Schmuck, den
sie besitze, und alles Andere würde sie lieber hergeben, nur
nicht den kleinen unscheinbaren Reif."

„So liebt sie Dich noch," sagte ängstlich zu ihm auf=
schauend Alice.

George schüttelte langsam mit dem Kopf. „Das ist vorbei,"
flüsterte er, indem er der Geliebten Hand erfaßte, „aber als ein
Zeichen hat sie es uns geschickt, daß wir keinen Groll mehr
gegen sie hegen sollen, Alice — als ein Zeichen der Versöhnung
und Liebe, und so wollen wir auch zurück an sie denken für
immer."

<hr>

Schluß.

Monate vergingen, ehe das junge Paar die Vereinigten
Staaten wieder erreichte, und mit Jubel wurde George sowohl
wie Alice, die sie ja schon lange wie eine Tochter geliebt, von
den Seinen empfangen.

Nun hatte George allerdings die Absicht gehabt, den ver=
rätherischen Baas, der ihn in jener Nacht an den Wallfischfänger
verkauft, vor Gericht zu ziehen und bestraft zu sehen, aber er
konnte sich trotzdem jetzt nicht mehr dazu entschließen, denn so
glücklich fühlte er sich in Alicens Besitz, daß er sich immer nur
wieder gestehen mußte, wie er ja gerade jenem, wenn auch ver=
brecherischen Menschen, sein Glück verdanke.

Da suchte ihn eines Tages sein alter Freund, Tom Fuller=
ton, mit dem er ja jenen entscheidenden Abend zusammen verlebt,
selber auf.

George!" rief er ihm zu, wie er nur den Raum betrat —
„alter Junge — auch wieder glücklich angelangt? Eben hörte

ich in der Stadt von Deiner Rückkunft. — Dich hatten sie auch
auf ein Schiff gepackt, wie?"

„Auf einen Wallfischfänger, Tom," lachte George, ihm herzlich die Hand schüttelnd — „und Dich?"

„Auf einen Ostindienfahrer!" rief der junge Mann — „verdamm' die Schufte — aber ich bin schon seit drei Monaten
wieder zu Hause. Wir liefen in Rio de Janeiro ein, und dort
gelang es mir, einen Brief an unsern Gesandten an Land zu
befördern, und der machte mich wieder frei — hielt aber schwer
— der Alte wollte mich nicht herausrücken. Und wo bist Du
abgekommen?"

„In Chili, und zwar an Land geschwommen."

„Bravo. Weißt Du aber, daß wir den Schuft erwischt
haben?"

„Welchen Schuft?"

„Den biedern Seemann, der uns damals das Gebräu zu
trinken gab."

„In der That?"

„Ich ruhte und rastete natürlich nicht," rief Tom. „Die
Gerichte wollten nichts damit zu thun haben, wenn ich ihnen
nicht bessere Beweise bringen konnte, als meine eigene Aussage,
und eine ganze Woche habe ich mich nachher mit ein paar ebenfalls verkleideten Polizeidienern dort am Strande herumgetrieben,
bis wir ihn erwischten. Er ging in die Falle, wie wir damals
hineingetappt waren. Mich kannte er natürlich nicht mehr —
er hielt uns für Grüne, die er ebenfalls spediren könnte, und
wir ließen ihn ruhig gewähren, bis er seinen Grog fertig hatte
— ich kannte ja seine Schliche; dann faßten wir ihn. Der
Grog wurde untersucht und enthielt ein nichtswürdiges Gemisch
von Opium und anderen narkotischen Giften; und da natürlich
steckten sie ihn bei und schafften ihn — mit meiner Anklage dazu,
daß er mich und Dich an Schiffe verkauft — nach Sing Sing
in's Zuchthaus, wo er seine fünf Jahre zu sitzen hat. — Aber

ist das wahr, daß Du Dir gleich von unterwegs eine Frau mitgebracht hast?"

„Allerdings, Tom, und ein liebes, herziges Frauchen."

„Und das weißt Du, daß Deine Jenny nach Valparaiso verheirathet ist?"

„Ich habe sie bort besucht."

„Den Teufel auch! Du nimmst die Sache kühl."

„Was will man machen, Tom — und was treibst Du jetzt?"

„Ich? hm — verwünscht wenig. Rio Janeiro hat mir gefallen — ich denke, ich werde borthin übersiedeln."

„Merkwürdig — jener Seelenverkäufer scheint erst unser Lebensziel bestimmt zu haben."

„Kann sein — aber sitzen muß er boch; das hat bie Kanaille hundertfach verdient. — Kommst Du heute Abend mit in den Club?"

„Ich bin kein Mitglied mehr — ich verbringe meine Abende besser zu Hause."

„Hallo, unter dem Pantoffel?"

„Ich wünsche Dir von Herzen, Tom, baß Du einst ebenso unter ben Pantoffel kommst wie ich," sagte George freundlich — „ich weiß nicht, was ich Dir Besseres wünschen könnte."

Drei Jahren waren nach dieser Zeit vergangen. Mr. Halay sen. hatte sich anhaltender Kränklichkeit halber vom Geschäft ganz zurückgezogen, dem jetzt George allein vorstand.

Er befand sich Morgens auf seinem Comptoir und hatte gerade Briefe von Valparaiso erhalten, mit welchem Hafen er jetzt in steter und boppelter Privat-Correspondenz stand. Der eine von biesen war von Burton, der seine geliebte Sennorita schon lange zum Altar geführt und der biplomatischen Carrière entsagt hatte, weil er sich viel wohler und unabhängiger auf seiner reizenden Estancia bei Concepcion fühlte. Der andere

Brief war von Mr. Hewes, und in demselben zeigte ihm Hewes wiederholt an, wie glücklich er sich jetzt mit seiner Jenny fühle und wie ganz verändert das Benehmen der Frau sei, nachdem sie ihn in Valparaiso getroffen.

George las den Brief wieder und wieder durch und ein heller Schein von Glück und Frieden lag auf seinen Zügen.

Da trat einer seiner Leute, einen alten schmutzigen Zettel in der Hand, in das Comptoir und berichtete: ein Schiffsjunge habe das Papier gebracht und stünde draußen, um auf Antwort zu warten.

George nahm es, hatte aber kaum den Blick darauf geworfen, als er seine Anweisung erkannte, die er damals an Bord der Betsy Crow dem alten Koch gegeben —

„Ist der Mann selber draußen?" rief er rasch.

„Ein Mann? Nein, Sir — ein Junge ist es, der wie ein Seemann aussieht — er sollte auf Antwort warten."

„Lassen Sie ihn hereinkommen."

Der Junge erschien gleich darauf in der Thür und George erkannte ihn im Moment wieder — er war Kajütenjunge an Bord der Betsy Crow gewesen. Der Junge aber hatte natürlich keine Ahnung davon, wen er hier vor sich habe, und mit einem verlegenen „Beg your pardon, Sir" setzte er hinzu: „Unser Koch hat mir das Papier da gegeben und gesagt, ich sollte sehen, ob ich hier zehn Dollars dafür bekäme. — Ich wollt's erst nicht überbringen, aber er versicherte mich, daß Alles in Ordnung wäre, und hat mir einen davon versprochen — ich weiß weiter nichts davon."

„Ist Euer Schiff eingelaufen?"

„Welches Schiff, Sir?"

„Die Betsy Crow."

Der Junge sah ihn mit weit aufgerissenen Augen an. Woher wußte denn der „Gentleman", daß er zur Betsy Crow gehört hatte, und ganz verdutzt erwiderte er:

„Nein, Sir — die Betsy Crow liegt bei Brasilien auf dem
Sand, wenn sie die See nicht jetzt auseinandergerissen hat."

„Gescheitert? in der That?"

„Ja, auf der Heimreise, und noch dazu mit einem guten
Fang. Die Mannschaft konnte kaum ihre paar Sachen und die
Schiffsbücher retten und wir sind jetzt auf einem amerikanischen
Schiff nach Hause gebracht."

„Und wo ist Euer Koch jetzt?"

Der Junge zögerte einen Moment mit der Antwort, endlich
aber — denn wozu sollte er lügen — sagte er: „Draußen in
der Straße, Sir — er — er sagte, er möchte nicht hier in's
Comptoir kommen — ich solle für ihn her gehen und ihm Antwort bringen. Wir haben Alle keinen Cent ausbezahlt bekommen;
erst wenn die Assekuranz zahlt, kriegen wir vielleicht einen
Theil."

„Mr. Robinson," rief George einen seiner Commis an,
„bitte, gehen Sie einmal mit dem Burschen nach außen. Er
wird Sie zu einem Seemann bringen, und dem sagen Sie, ich
ließe ihn bitten, hier herein zu kommen. Bemerken Sie dabei,
das Geschäft wäre jetzt in andere Hände übergegangen — verstehen Sie mich? — und der Mann, der ihm das Geld schulde,
sei hier. Wie heißt Euer Koch, mein Bursche?"

„Doktor," sagte der Junge, der auch keinen anderen Namen
wußte, verlegen.

George lachte.

„Nun hier, mein Bursch, hast Du Deinen Dollar für den
Weg, damit Du siehst, daß Alles in Ordnung ist und der Doktor
Dir nichts vorgeflunkert hat, und nun schick' ihn mir herein und
sag' ihm, ich hätte gute Nachricht für ihn und vielleicht für Dich
auch — Du magst draußen warten."

Der Junge betrachtete sich den Silberdollar mit dem größten
Erstaunen; aber froh wieder so fortzukommen, nickte er ein „All
right Sir" und schoß so rasch zur Thür hinaus, daß ihm der
Commis kaum folgen konnte.

Verhängnisse.   9

Es dauerte eine ganze Weile, und George war indessen schon ungeduldig in seinem Comptoir auf und ab gegangen, bis er draußen wieder fremde Stimmen hörte. Gleich darauf erschien auch Mr. Robinson in der Thür und meldete den Seemann, und wenige Minuten später trat der Koch, noch eben so verwildert, noch eben so schmutzig wie er ihn an Bord gesehen, in die Thür. Dort blieb er stehen — es sah hier Alles so fein und vornehm aus, das ganze Holzwerk von Mahagony, die Comptoire mit feinen Matten belegt, und eine ganze Stube voll Commis, durch welche er sich seinen Weg hatte suchen müssen. Er war eine solche Gesellschaft nicht gewöhnt und blieb, seinen Hut in der Hand herumdrehend, stehen, um die Anrede des Kaufmanns zuerst zu erwarten.

George's Blick haftete auf ihm, und was für eine Fülle von Erinnerungen rief die schmutzige, gedrückte Gestalt in ihm wach! — Aber der Koch kannte ihn nicht wieder; sein Blick haftete auch kaum auf ihm, sondern flog unstät in dem Comptoir umher, bis ihn endlich George anredete:

„Wie ist Euer Name, Freund?"

„Hm," sagte der Koch, dem die Frage etwas unerwartet kam, aber Du lieber Gott, was wußte der Fremde von ihm — er konnte ihn eben so gut nennen, und mit heiserer Stimme sagte er:

„Bob Mitchell."

„Zu welchem Schiff gehörig?"

„Shipwrecked sailor, Sir,*)" sagte der Mann — „gehörte früher zu dem Wallfischfänger Betsy Crow von Marthas vineyard — Koch an Bord, Sir."

„Ihr habt früher einmal einem Matrosen an Bord zehn Dollar geliehen?"

„Ist wie Sie sagen, Sir — der arme Teufel hatte kein Geld und wollte gern an Land."

---

*) Schiffbrüchiger Matrose, Sir.

„Habt Ihr nie wieder von ihm gehört?"

„Nie wieder, Sir — haben uns auch weit über drei Jahre in der Südsee herumgetrieben — nicht wahrscheinlich, daß wir ihm dort begegnen sollten. Er gab mir nur damals den Zettel und sagte mir, wenn ich wieder nach New=York käme, möchte ich ihn hier im Geschäft abgeben, Sir. Scheint jetzt hier einen andern Herrn zu haben, wenn auch noch der alte Name draußen an der Thür steht."

„Ja, Mr. Mitchell," sagte George, und der Koch sah ihn verwundert an. Es mochte ihm wohl gar so sonderbar vor= kommen, sich bei dem Namen gerufen zu hören — „das Geschäft ist jetzt in meine Hände übergegangen, aber ich dächte doch, wir wären ebenfalls alte Bekannte und Sie sollten mich eigentlich wieder erkennen."

Der Koch sah ihn eine lange Weile erstaunt und forschend an, endlich aber schüttelte er mit dem Kopf und sagte:

„Bekannt kommen Sie mir vor, ja — besonders wenn ich die Stimme höre — aber ich kann mich nicht besinnen. Waren Sie etwa schon früher hier auf dem Comptoir? ich — bin hier manchmal hereingekommen."

„Nein," lächelte George; „damals, als Sie hier Geschäfte hatten, ging ich noch in die Schule, aber wir haben uns erst vor wenigen Jahren gesehen — kennen Sie mich gar nicht mehr?"

„Damn it!" rief der Seemann, indem er genau in George's Gesicht sah — „es wäre möglich, aber es ist nicht möglich. Sie sind doch nicht —"

„George — der gepreßte Matrose, allerdings Mate," lächelte George, indem er auf ihn zusprang und ihm die Hand entgegen= streckte — „und daß der Euch nicht vergißt, was Ihr damals an ihm gethan, darauf könnt Ihr Euch verlassen."

„Aber wie, in des Bösen Namen, sind Sie damals an Bord gekommen?" sagte der Koch verwundert.

„Gepreßt natürlich, und der Schuft, der Schlafbaas, sitzt jetzt im Zuchthaus — doch das ist vorüber. Ihr seht, ich kam damals glücklich an Land, und was ich für mein Unglück hielt, schlug Alles zum Heil und Segen aus. Aber wie geht es Euch jetzt?"

„Mir?" sagte der Koch, verlegen wieder nach seinem Hut greifend. „Wie kann es mir und den Kameraden gerade gehen? An Bord eines Wallfischfängers sind wir ja natürlich Alle auf Theilung, und wie das Schiff sank oder vielmehr in einem hef= tigen Pampero auf ein paar Klippen an der Küste unterhalb Santa Catharina geschleudert wurde, mußten wir froh sein, daß wir noch unsere paar Sachen wenigstens bergen konnten. Wenn die Affekuranz nachher bezahlt, kriegen wir vielleicht einen Theil von unserem Theil, aber viel wird nicht herauskommen, denn bis die Rheder und der Kapitän satt haben, bleibt für die An= deren nicht viel übrig."

„Ich bin ja noch in Eurer Schuld."

„Na, der paar lumpigen Dollar wegen," sagte der Koch; wenn's uns nicht so heillos auf den Nägeln brennte, wäre ich gar nicht hergekommen."

„Wie viel war es doch, Mr. Mitchell?"

„Zehn Dollar," sagte der Mann — „einen haben Sie dem Jungen schon gegeben, bleiben noch neun — aber weshalb nennen Sie mich Mr. Mitchell?"

„Und was wollt Ihr jetzt thun?"

„Natürlich sehen, daß ich wieder einen Platz als Koch auf einem andern Fahrzeug bekomme. — An Land kann ich nicht bleiben, und verdient muß doch was werden."

„Mate," sagte der George, trat auf ihn zu und legte ihm die Hand auf die Schulter — „Ihr waret damals der einzige Freund, den ich an Bord hatte, und mehr als das, ich glaube, es steckt trotz Eurem rauhen Aeußeren ein guter Kern in Euch. — Hier sind hundert Dollar für Euch, als Abschlagssumme für den Dienst, den Ihr mir damals geleistet, denn Ihr wißt gar nicht, wie glücklich ich durch meine damalige Flucht geworden bin."

„Hundert Dollar?" rief der Koch erstaunt, das ihm gereichte Geld in der Hand betrachtend — „so viel hätte ich ja nicht einmal von der Betsy Crow herausbekommen."

„Nehmt das Geld," sagte George freundlich, „schafft Euch jetzt vor allen Dingen neue und reinliche Kleider und — macht Euch selber sauber. So kann ich Euch nicht gebrauchen; Keiner meiner Leute würde mit Euch verkehren wollen und die Matrosen selber keinen Respekt vor Euch haben."

„Die Matrosen?" sagte der Koch verwundert.

„Ihr sollt nicht mehr Koch bleiben," fuhr aber George fort. „Ich weiß zwar, daß Ihr stark trinkt, aber Ihr habt mir gesagt, daß Ihr es lassen könnt. Ich will einen Versuch mit Euch machen, Mitchell — gebt mir Handschlag und Wort, daß Ihr nüchtern bleiben wollt, — gegen einen Schluck dann und wann habe ich nichts — und Ihr sollt zum Anfang einen hübschen dreimastigen Schooner bekommen, der gerade nach Rio Janeiro befrachtet wird. Schlagt Ihr ein?"

Er hielt ihm die Hand hin und der Koch sah ihm starr und überrascht in's Auge.

„Ihr wollt mir," sagte er dann mit leiser, heiserer Stimme, „mir, der sich jetzt weit über zehn Jahre vor dem Mast und als Koch herumgetrieben hat, wieder ein Fahrzeug anvertrauen? Ich soll unter der alten Firma fahren und wieder ein Mensch werden?"

„Schlagt Ihr ein?"

„So vergelt's Euch Gott!" rief der Koch, indem er mit seiner breiten, schmutzigen Hand fest in die des jungen Mannes einschlug, „und verdammt der Tropfen Branntwein, der wieder seinen Weg durch meine Kehle findet! — George," setzte er dann hinzu, während ihm die großen hellen Thränen in die Augen traten, „Ihr habt wieder einen Mann aus mir gemacht; der

Himmel mag's Euch lohnen, und daß Ihr Euch in mir nicht geirrt haben sollt, darauf geb' ich Euch mein Wort."

„Schön, Mitchell," nickte George, „jetzt geht erst hin und verbessert auch Euern äußeren Menschen, denn mit dem inneren, glaube ich, habt Ihr das fertig gebracht, und das war die Hauptsache, denn das Andere ist eine Kleinigkeit. Dann kommt wieder zu mir und ich gehe mit Euch hinunter auf Euer Fahrzeug — aber noch Eins — der Junge, den Ihr da vorhin hereingeschickt habt, ist ein guter Bursch — wenn er mit Euch gehen will, engagirt ihn."

„Der geht mit mir durch Feuer und Flamme."

„Gut — abgemacht — heut' Nachmittag Punkt vier Uhr seid wieder hier. Auf Wiedersehen, Kapitän."

Der Koch nahm seine Hand, und es war als ob er sie gar nicht wieder loslassen wollte, so drückte und preßte er sie in der seinen, so quoll ihm das Herz auf die Zunge; aber endlich wandte er sich ab — ein Wort brachte er nicht mehr über die Lippen, und fest und stramm, aber die Zähne fest auf einander gebissen, damit die „Schreiber" nicht sehen sollten, wie es in ihm arbeitete, schritt er durch's Comtoir und hinaus auf die Straße.

Jahre vergingen wieder und Halay's Geschäft blühte und wuchs. Seine Schiffe kreuzten dabei alle Meere und verkehrten mit allen Welttheilen; das schönste von allen aber, die „Alice Halay", ein prächtiges Vollschiff von 1500 Tons Last, kommandirte Mr. Robert Mitchell, und kein Kapitän in der amerikanischen Handelsflotte machte glücklichere Reisen als er, oder hatte außerdem einen besseren Ruf als tüchtiger Seemann und Ehrenmann. Wenn er auch immer in New-York einlief, hatte er sein Zimmer im Halay'schen Hause, und wer dann jubelte, wenn es hieß, Kapitän Mitchell kommt, das waren die Halay'schen Kinder

— zwei Pärchen, wie sie nicht lieblicher den amerikanischen Boden traten. — Und Ursache genug hatten die Kleinen auch dazu, denn der alte Mann betrat nie das Haus, ohne ihnen von fremden Welttheilen bald das, bald jenes mitzubringen, und was er ihnen dabei Alles erzählte und wie er mit ihnen spielte, war noch ein Separatgenuß.

Druck von Jhring & Haberlandt in Berlin.

www.ingramcontent.com/pod-product-compliance
Lightning Source LLC
Chambersburg PA
CBHW030611270326
41927CB00007B/1124